「年金20万・貯金1000万」でどう生きるか

60歳からのマネー防衛術

岩崎博充

ワニブックス
|PLUS|新書

はじめに

本書は、「これから定年を迎えるサラリーマン」あるいは「すでに定年を迎えたサラリーマン」を対象に、老後の生活に必要な生活費や生活スタイル全体について紹介する一冊です。

もちろん同じ定年前後のサラリーマンといっても、現役時代の収入も違えば、現在独身かどうか、結婚していても妻が長い期間働いていたかどうか、家のローンが終わっているかどうか、家賃の支払いがあるかどうか、さらに70歳まで働く予定があるかどうか、現在夫婦ともに健康かどうか、など状況はそれぞれ違うでしょう。ただ、書き進めていく上での「モデル」は、「定年後夫婦の年金受給額が月額20万円前後、退職後の貯え（退職金を含む）が1000万～2000万円程度」と考えたいと思っています。

日本では、正規雇用者、非正規雇用者を含めて、全就業者の約87％が雇用者、いわゆる「サラリーマン生活」を送っています。

これだけサラリーマンの比率の高い国は世界でも極めて珍しいのですが、サラリーマンを終えた人々が豊かな老後生活を送れるかどうかは、これからの日本経済や年金財源、日本政府の財政状況と大きく関わってきます。

2019年（令和元年）6月、「老後生活には公的年金以外に夫婦で2000万円が必要」という財務大臣の発言が大きな話題になりました。

若い世代は特に驚いたと思います。これからどうやって定年までに2000万円もお金を用意すればいいのか、途方に暮れるような金額だったのではないでしょうか。終身雇用制も年功序列もすでに崩れ去ったいま、「定年までガマンすれば退職金がそこそこもらえる」という見通しさえ立たないからです。

もちろん定年直前の世代も、手元に現金が少なく、もらえそうな退職金も少ないという場合は「どうすればいいんだ！」と怒りを感じたでしょう。

本当に年金だけでは老後の暮らしを維持することはできないのか、本当に2000万円も必要なのか、さらには2000万円あれば十分なのか？　その2000万円はどうやって用意しろというのか？

冷静な人ならばすでに「夫婦の収入は年金月額20万円のみ」「貯金ゼロ」では「やっ

ぱり足りないだろうな」ということは、わかっていたはずですが、各世代それぞれが「年金」「老後」について、いやが上にも考えさせられたのは事実です。

そもそも年金問題の本質は、大きく分けて3つあります。1つ目は日本人がとても長生きになったこと。男性で82歳、女性で88歳という平均寿命を見れば一目瞭然です。

2つ目は公的年金の財源不足懸念です。

結論から言えば、現在の憲法の下で日本政府が機能し続けていくならば、公的年金制度が破綻することはありません。ただし、破綻はしなくても「年金だけでは暮らせない人」が増えていくという現実があることも間違いありません。

政府は「現役世代の賃金の50％以上の年金給付金を目指す」と宣言しています。要するに現役世代の平均年収が500万円だった時は250万円以上の年金がもらえるよう目指します、ということです。月額にすれば、約20万円です。ところがある試算では、近い将来3割程度、つまり月額12万円程度しか給付されない日がやって来るとされています。さらに、現在の公的年金制度を維持していくためには、年金の支給開始年齢を78歳程度に引き上げる必要がある、というシミュレーションもあります。

公的年金制度が頼りにならないとすれば、昔から言われてきた「自助努力」が必要になり、当然のことながら、定年後の生活レベルを引き下げていくことが求められます。そこで社会問題化するのが、いわゆる貧富の差、定年後の生活の格差です。

そして、３つ目は日本経済の先行き懸念です。いままさに定年退職を迎えようとしている人、あるいは老後の生活を始めた人にとって、最も年金が必要になる80代を迎える頃、つまり２０４０年以降の日本経済の国際競争力には大きな不安があります。少子化の影響で国際競争力は著しく下がり、第４次産業革命にも乗り遅れ、日本はただのアジアの小国に成り下がるかもしれません。中国企業や韓国企業の下請け国家として存在するしかない。そんな可能性も否定できないのです。

しかも、その頃にはまだ団塊の世代がかなり生き残っており、比較的豊かな生活を送っている可能性があります。その一方で、ロストジェネレーション、就職氷河期世代と呼ばれる世代が50代後半～60代前半になりますが、この世代は正社員だった期間が短く、公的年金だけでは、とても暮らせない人が上の世代よりも非常に多いと予想されています。就職氷河期世代は団塊世代の雇用維持の犠牲になった、とも言われており、その影響は今後も長い間続くことになるでしょう。つまり、これからの日本はすさまじい格差社会が続くことを覚悟する必要があるということです。

日本社会の変化を予測しつつ、数多くの高齢者が貧困に陥らないためにはどうすればいいのか。さらに、お金がなくても楽しめる老後人生を送るにはどうすればいいのか、について冷静に考えてみたいと思います。

筆者自身、現在67歳。公的年金をフルにもらい始めてまだ2年しかたっていません。そんな中で今後の世界経済や日本経済について、執筆を続けながら、同時に老後生活を少しでもエンジョイできればと考えながら生きている高齢者の一人です。自分自身、また身近な友人、知人たちの経験などを踏まえながらこの本を書きました。

これから老後を迎える人にとって、少しでもお役に立てば幸いです。

岩崎博充

※本文のＱＲコードはスマホで読み取ってください。

目次

第3章 年金制度が破綻しても生き残るサバイバル術【基礎編】 …… 63

第6章 老後を楽しむために「するべきこと」「やめること」

第8章 定年後に趣味を活かす仕事、趣味程度に稼げる仕事

第9章 遊びのライフプランを立てよう 231

第1章 「定年後」にいくらかかるかを現実的に検証する

平均寿命だけではわからない老後の暮らし

定年後の老後生活を考えた時、最初に考えるのが「いったい自分は何歳まで生きることになるのだろうか」という疑問です。将来のことは誰にもわかりませんが、ある程度の寿命は想定して、老後資金を考える必要があります。

退職金を含め、老後資金として貯めたお金をどう配分すればいいのか。そうした資金計画は不可欠と言えます。

とはいっても、大ざっぱな性格の人はきちんとしたシミュレーションまではしていないでしょうし、また先のことをあまりにも綿密に試算してもムダなのも事実です。

そもそも地球上には一触即発の地域がどんどん増え、日本を含め連日気温が40度を超すような地域が増えつつある地球温暖化の影響は、人類そのものの生存さえ脅かしつつあります。こんなご時世で、20年先、30年先の生活を考え過ぎてもあまり意味はありません。

とりあえず、「今後10年程度」をどんなイメージで暮らせばいいのか、といったことから考えてみてください。

その際、言うまでもなく公的年金や自分が用意した個人年金の収入などはきちんと把握しておきましょう。

実は60歳目前で「自分は何歳からいくら年金をもらえるのか」をわかっていない人もけっこう多いのです。

まずはそこから始めましょう。

公的年金の場合、ほとんどが終身年金で死ぬまでもらえますが、個人年金などはたとえば80歳で終わってしまうものなどもあります。

少なくとも、老後の生活プランを考える時に、自分自身があと何年生きるのかを、ある程度はシミュレーションしておくことが大切だということです。実際に、日本人の平均寿命は厚生労働省の最新のデータでは次のようになっています。

平均寿命（２０１８年）

●男性……81・２５歳

健康寿命と平均寿命の推移

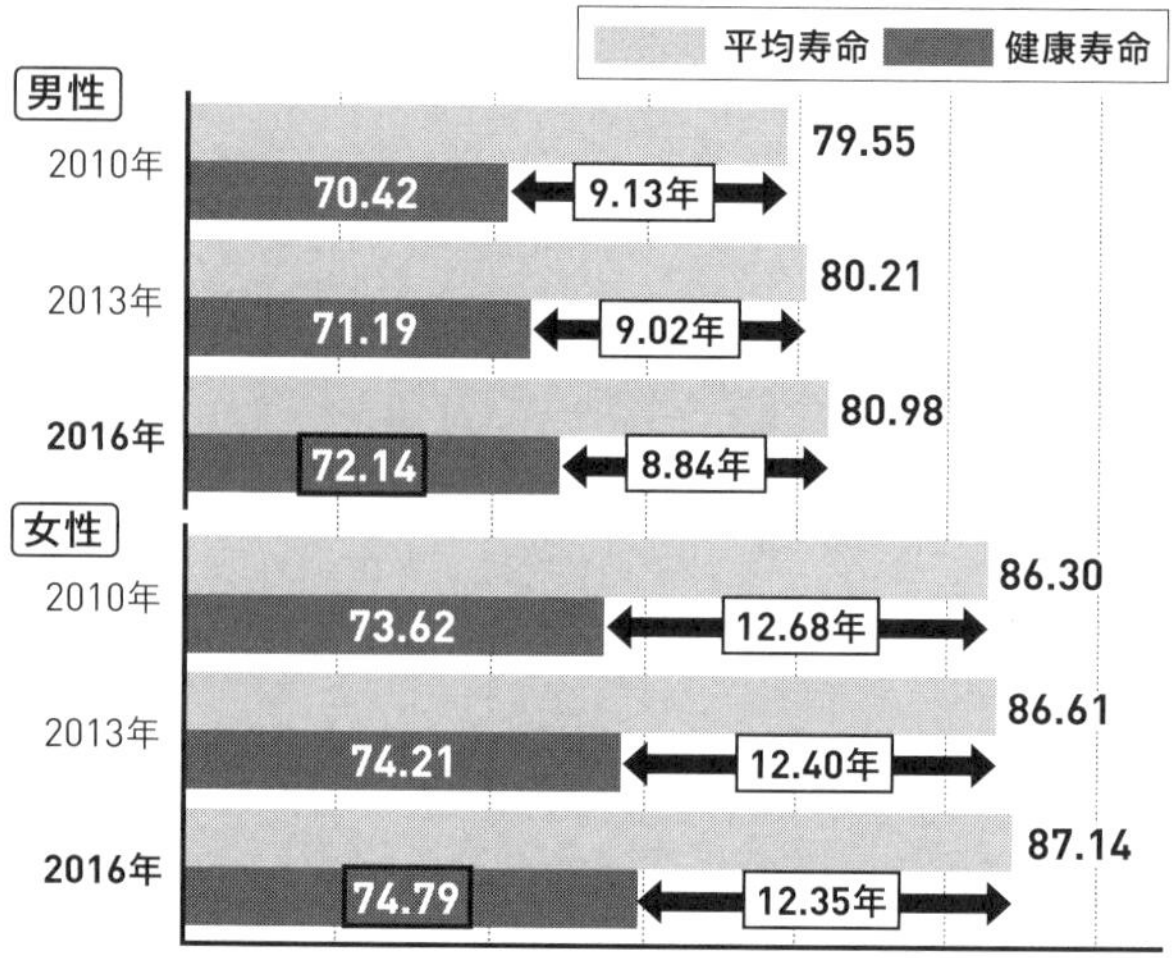

※簡易生命表、人口動態調査（厚生労働省）および、総務省による推計人口などから作成

●女性……87・32歳（同）

ちなみに、半数以上が生存していると推定される「寿命中位数」という数字で見ると、次のようになります。

平均寿命・寿命中位数（2018年）

●男性……84・23歳

●女性……90・11歳

つまり、今生きている女性の半数は90歳以上まで生きるということになります。

一方、いま注目されている数字に、自立して生活できる年齢を示す指標「健康寿命」というものがあります。健康寿命とは「健康上の問題で日常生活が制限されることなく生活できる期間」のこと。

日本の場合平均寿命は長いものの、この健康寿命が意外に短く、高齢者が健康で暮らせる長寿社会とはなかなか言えない現実があります。

健康寿命（２０１６年）
●男性……72・１４歳
●女性……74・７９歳

70歳まで働き続けるとリタイア後の「健康期間」はたった2年

日本人の平均寿命の長さは昔から知られたことですが、健康寿命の短さには驚いた人

都道府県別 健康寿命ランキング

（厚生労働省2016年度）※熊本地震により熊本県のデータはなし

	男性	女性
1位	山　梨（73・21）	愛　知（76・32）
2位	埼　玉（73・10）	三　重（76・30）
3位	愛　知（73・06）	山　梨（76・22）
︾	︾	︾
44位	徳　島（71・34）	京　都（73・97）
45位	愛　媛（71・33）	北海道（73・77）
46位	秋　田（71・21）	広　島（73・62）

も多いのではないでしょうか。

男性は72歳、女性は74歳、それ以後は誰かのサポートがなければ生きていけない現実があるということです。

男性は約12年間、女性は約15年間、健康とは言えない状態が続くことになる可能性が高く、その期間は介護保険制度を利用したり、配偶者や子供にも何らかの負担をかけることになります。

平均寿命をさらに伸ばすことよりも、健康で暮らせる期間をできるだけ長くすることが、日本の健康政策上もっとも大切なのは自明です。

仮に政府の「高齢者も働け」という掛け声に応えて70歳まで働いてリタイアした場合、平均寿命までは男性で14年間ほどありますが、健康寿命で見るとわずか2年間しかありません。

完全にリタイアしてから、老後を楽しむ時間がたった2年とは、あまりにも寂しい人生です。女性の場合は「不健康期間」が20年近く続くことになるのですから、さらに深刻です。

働き続けたからこそ元気な時間が長くなる、という可能性もありますし、体力的な個人差はあるでしょうが、周囲の友人たちを見ていても、人間の体は70代にさしかかってから、目に見えて衰えていくように思います。寝たきりになるわけではなくても、体力が衰えるスピードが速くなっていく印象です。

「老後2000万円不足問題」をきちんと検証し直そう

平均寿命や健康寿命を確認したところで、老後のマネーについて考えてみましょう。

健康、不健康にかかわらず、定年後の老後生活が比較的長くなることはほぼ確実である以上、その期間は公的年金と、それまでに貯めた預貯金だけで暮らさなければなりま

金融庁審議会の報告書による不足額試算

夫婦とも65歳で、2人とも
30年生きた場合の不足額＝ **2000万円**

※家計調査報告（厚生労働省）より

せん。

自分が平均寿命まで生きると仮定して、どの程度のお金が必要なのかをざっとでいいので知っておきましょう。

たとえば、老後資金の目安としてずっと使われてきた、総務省の家計調査報告書を使ってシミュレーションする方法です。

老後資金として年金以外に２０００万円必要」とした金融庁の金融審議会報告書は、麻生金融担当相が受け取りを拒否したことで話題になりましたが、これも家計調査報告書がベースとなったものです。

家計調査報告では、「高齢夫婦無職世帯」（世帯主が60歳以上で無職）の家計収支というデータを毎年発表していますが、昔から年金暮らしの生活費の目安として使われています。具体的には、左の表のような数字になります

年金などを含めた実収入は月額22万２８３４円。一方、生活に必

高齢夫婦無職世帯の月別収入の内訳　※世帯主が60歳以上の無職世帯

社会保障給付	20万3824円
その他	1万9010円
収入合計（①）	22万2834円

高齢夫婦無職世帯の月別支出の内訳　※世帯主が60歳以上の無職世帯

税金など	2万9092円
消費支出	23万5615円
支出合計（②）	26万4707円

①22万2834円－②26万4707円＝－4万1873円

平均月額4万1873円、年間50万2476円の不足

※家計調査報告書（厚生労働省）より。1円単位の誤差あり

要な支出は、合計26万４７０７円。つまり「４万１８７３円」が毎月不足することになります。年間にして「50万２４７６円」です。毎年50万円の赤字ということは、同じ状態が30年続けば１５００万円の赤字ということです。金融庁の試算と異なり、「世帯主が60歳以上の無職世帯」の平均を使っているので、現実的なところは今ひとつわかりません。

麻生金融担当相の発言で大きな話題になった「老後資金は、公的年金だけでは２０００万円不足」

という金融審議会のレポートは、「同じ年の夫婦がそろって65歳から30年間生きる」と仮定して、単純計算したものです。

65歳の夫婦がそれぞれ平均寿命まで生きると1132万円不足

言うまでもありませんが、夫婦と言っても奥さんが年上の場合もあれば、10歳以上若い場合もあります。「標準的な世帯」などというのは、平凡な人生がないのと一緒で、あまり意味はないのかもしれませんが、少しでも読者の皆さんが「自分たちの老後」をイメージしやすいように、本書では一応「65歳の夫と65歳の妻の夫婦のみの無職世帯」という前提でシミュレーションしてみたいと思います。

まず、2017年厚生労働省の調査では、夫の平均寿命は82歳で、妻の平均寿命は88歳です。夫と妻の2人世帯期間は17年間、夫が亡くなり、妻1人になる期間が6年間として「この夫婦が今後いくら必要か」を計算してみましょう。

妻1人になってからの支出と収入は、家計調査報告の「高齢単身無職世帯の家計収

65歳の夫と65歳の妻、年金だけではいくら不足するか

夫と妻の2人世帯期間	月額不足分4万1872円×12カ月×17年＝ **17年間の不足分 854万1888円**
妻の1人世帯期間	月額不足分3万8670円×12カ月×6年＝ **6年間の不足分 278万4240円**

854万1888円＋278万4240円＝
最終不足分1132万6128円

支」の数字を使って計算すると、毎月「3万8670円」の不足です。

65歳の夫と65歳の妻が、お互いの平均寿命まで年金だけで暮らしていこうとすると、1132万6128円足りないということになります。妻が5歳年下の60歳だった場合には、妻の1人暮らし期間が11年となり、1364万円の不足になります。

この金額を多いと見るか少ないと見るかは、人によって違うでしょう。収入や環境、家族構成などによって大きく変わってくるからです。

とはいえ、少なくとも平均値で見れば、金融庁の金融審議会が算出した「2000万円の不足」まではならないと考えてもいいでしょう。

もっとも、これは総務省の家計調査のデータをべースに試算したものです。

公益財団法人生命保険文化センターが試算している老後資金のシミュレーションでは、「ゆとりある老後生活費」は月額36万1000円としています（2019年「生活保障に関する調査」）。月に36万円の支出とすれば、2000万円どころか、ざっと4000万円の不足が生ずることになります。ただし、この試算でも「必要最低限の生活費の目安は月額22万円程度」としています。

雑誌の特集などで「ゆとりある老後生活を送るには年金以外に4000万円〜5000万円が必要」などとされていることもありますが、「いくら必要か」は、その人の生活水準や公的年金の額によって大きく違います。月額20万円あればだいじょうぶだと思う人もいれば、34万円でも足りないと感じる人もいるでしょう。

まずは、「2000万円なんて貯金はない！」「どうすればいいんだ！」とあわてるよりも、今現在、夫婦の生活費にいくらかかっているのかを把握し、今後20万円使う場合、30万円使う場合などをざっと計算するところから始めてください。

そもそも国の公的年金制度はもつのか、もたないのか？

さて、ここで問題になるのが公的年金の給付金額が、今後どう推移していくのかということです。ここまでのシミュレーションでは、高齢夫婦無職世帯の年金給付額を平均20万3824円として試算しているわけですが、そもそもそれが正しいのか、という懸念です。住む地域や暮らし方によっては「夫婦で月額20万円あればなんとかなる！」という人もいるでしょうが、この20万円が10万円になってしまったら、日本人のほぼ全員が「公的年金だけでは絶対に暮らせない」ことになってしまいます。

選挙のたびに議論されるテーマですが、公的年金が制度として継続されるのかどうか、あるいは仕組みが継続できたとしても、高いインフレ率などによってどんなに節約しても、年金では生活できなくなってしまうのではないか、ということです。

そもそも日本を他の国と同じと考えるのは非常に危険です。周知のように、日本は石油や天然ガス、石炭、鉄鉱石、天然ゴムといったエネルギー資源や天然資源鉱物のほとんどすべてを輸入に頼っています。しかも、政府はいつまでも原発にこだわり、自然再生エネルギーの開発に本気で着手しようとしません。

しかも食料自給率はわずか37％（供給熱量ベース／2018年）、この数字は1億人以上の人口を抱える国家としては異常な低さです。エネルギー、食料ともに輸入がなければ日本の国民生活は成り立ちません。

将来的に地球全体の人口が爆発的に増え、気候変動の影響などで食料やエネルギーが世界的に不足するような事態に陥った場合、日本国民は再び太平洋戦争の時のような困窮を強いられることもあり得ます。食料が手に入らなくなり、エネルギーが不足して水道光熱費も爆発的に値上がりする社会になるかもしれません。

そんな状況の中で、日本は先進国トップクラスの「人口減少時代」を迎えようとしています。地球温暖化が進み、発展途上国の人口爆発が止まらない状況の中、どう考えても日本の将来はリスクでいっぱいと言っていいでしょう。

そうしたマクロ的なリスクに加えて、現在の日本には将来にかけて大きな懸念が4つあります。この4つが、将来の公的年金給付の水準を大きく左右すると考えていいでしょう。刺激的過ぎる、悲観的に過ぎる、と思うかもしれませんが、次の4つのシナリオは決して絵空事ではありません。

シナリオ①

1000兆円を超す財政赤字が悪化し、日本政府が破綻する

現在、日本政府が抱える財政赤字は883兆円（2018年）、地方自治体などの債務も加えると1100兆円を超える債務残高＝財政赤字があると言われています。政府の財政赤字は、よく対GDP比で国際比較されますが、日本は237・13％（2018年）で、第2位のスーダン（212・08％）、3位のギリシャ（184・85％）を上まわりワーストワンです。

今世界では、「MMT（現代貨幣理論）」という、「政府の財源を気にする必要がない経済理論」がクローズアップされていますが、そのモデルは日本だと言われています。国内だけで国債の発行が賄えているのであれば、政府は財政赤字の規模が増えることを心配する必要はまったくないという理屈です。

安倍政権の経済政策は、日本銀行に国債を片っ端から買わせて、政府は金利の上昇を

招くことなく、財政支出を拡大させるというものです。加えて、マイナス金利の導入など大規模な金融緩和政策も実施しています。１０００兆円を超す財政赤字が、今後どんな形でそのツケを払うことになるのか。その先のシナリオは誰もわかりませんが、日本国債が外国人を中心とする投資家によって買われ、これまでのパターンのように、日本政府がその利息を支払うことができなくなって「デフォルト（債務不履行）」に陥る可能性も十分にあると考えていいでしょう。

安倍政権に近い経済評論家は「日本銀行は日本の子会社だからだいじょうぶ」などといった明らかに誤った前提で財政赤字不安説を打ち消して回っていますが、そもそもアベノミクスはそんな誤った観念からスタートした経済政策と言えます。

いずれにしても、財政赤字はいずれそのツケを払うことになります。

きっかけになるのは、格付け会社の日本国債格下げ、あるいは突然の金利急騰などなど、さまざまなケースがあるでしょう。金融市場が、日本国債もしくは円を叩き売りすれば、わずかな衝撃で日本政府はデフォルトに陥り、機能不全に陥ることになります。

日本政府は、年金など社会保障費に対する支出を大幅に削減せざるを得なくなり、日本円が売られるために円安となり、日本にはすさまじい輸入インフレが起こる可能性が濃厚です。エネルギーと食料品の大半を輸入している日本にとって、通貨の暴落は超インフレを招くことになります。海外に逃げた裕福な高齢者以外は、非常に辛い老後を過ごすことになるでしょう。

シナリオ②

基礎年金の財源を半分負担している政府が年金制度から撤退する

日本の財政赤字が破綻して日本政府がデフォルトを起こさないまでも、そうなる前に政府は社会福祉費のカットに出てくるはずです。実際安倍政権になってからの7年間で、年金給付金は実質的には6・1％削減されたとも言われています（物価上昇5・3％、給付額マイナス0・8％）。

今のところは、生活水準の大きな転換を迫られるほどの削減率ではありませんが、財政が逼迫して消費増税率アップも思うようにいかなくなった時、日本政府は一般の国民よりも公務員の給与水準を守ろうとしますから、年金給付金は真っ先に削られることになるかもしれません。

少なくとも、現在はその半額を税金で負担している基礎年金部分に関しては、国の財政状況によって大きく削減されることになるでしょう。現在給付されている年金を、今の水準から減らすのは政府にとってかなりハードルが高いため、減らす代わりに、年金給付金の受け取り開始年齢を大きく引き上げまくる可能性もあります。

基礎年金の半分を政府が負担しているのが現在の状況ですが、残念ながらこの状況がいつまでも続くとは思えません。いずれは、現役世代がリタイア世代を支える「賦課方式」の年金制度そのものが、消えてしまう日が来る可能性も高いと言わざるを得ません。それが現在の「日本国民の老後事情」と言えます。

シナリオ③

日本経済全体が地盤沈下。消費税率は30%、年金給付金は現在の半分に

２０１５年に１億２７０９万人だった日本の人口は、２０５５年には約９７４４万人に減少すると予想されています（国立社会保障・人口問題研究所の推計／２０１７年）。高齢者とされる65歳以上の人口比率は、現在４人に１人（２０１８年）ですが、２０５５年には２・５人に１人が高齢者になります。こうした事実をベースに試算すると２０５０年には年金支給開始年齢は現在の65歳から78歳になるともされています。

２０５０年時点の男性の推定平均寿命は83・５５歳ですから、わずか５年間程度しか年金を受け取れない状況になるかもしれません。

人口減少問題は年金制度の運営や存続だけにとどまりません。なにせ２０５５年までに日本の人口が２９６５万人も減少するわけですから、地殻変動的な変化が起こると考えた方がいいでしょう。

日本は保守派の反対によって、長い間移民の受け入れを拒否してきましたが、安倍政権はすでに単純労働の移民を実質的に大幅に緩和している状態です。それも時すでに遅しで、40年間に約３０００万人の人口減少は、日本経済を根底から覆す可能性がありま す。人口減少は、需要を大きく減少させて、企業収益の悪化を招き、企業業績が悪化すれば当然ながら税収も大きく減少することになるでしょう。

企業業績の悪化だけではなく、個人の所得税や消費税による税収も大幅に減少することになります。消費税の引き上げは、今後はさらに凄まじくなることが予想され、欧州並みの30％前後の高い税率になる可能性も出てきます。

日本は国内総生産（ＧＤＰ）こそ世界第３位ですが、１人当たりの名目ＧＤＰで見てみると世界で26位（ドルベース、ＩＭＦ／２０１８年）、アジア地域でも第４位に低迷しています。こうした日本経済の凋落は、慢性的な円安トレンドを生み、輸入インフレが常態化すると考えられます。

現在の地方に住む高齢者向けの手厚い社会福祉制度も、人口減少による自治体の消滅によってことごとく廃止されていくことになるでしょう。

現在の政権は、年金給付金の水準を「現役世代の平均賃金の50％以上」を目標としています。現在は60％を超えている状態ですが、50％を維持できるかどうかも怪しいものです。

40年で３０００万人の人口が減少していく時代、これから高齢者になろうという人は、少なくともあと10年から15年は働かなくてはいけないかもしれません。人口減少は高齢者の楽隠居を妨げるものでもある、ということです。

シナリオ④
貨幣価値が転換し、デノミ、預金封鎖も

安倍政権が政権維持のためにおこなったアベノミクスの副作用がこれから出てくることで、日本経済が壊滅状態になるシナリオもあります。最も危ないのが、日本銀行が始めた日本国債の買い入れによる〝異次元の大規模緩和〟です。一般国民やメディアは「そういう手があったのか」程度の認識かもしれませんが、これはれっきとした「財政ファイナンス」であり、古今東西、国が滅亡する最短の破綻シナリオと私は考えています。

財政ファイナンスというのは、簡単に言えば中央銀行がその国が発行する国債を直接買い入れることです。中央銀行が国債を買い入れることになれば、政府は無制限に国債を発行することができ、公共投資や国家公務員、国会議員への給与や経費などなど、いくらでも支出することができる状態になります。

その結果、日本の中央銀行＝日本銀行は、政府が発行する国債の大半を買い入れて、アベノミクスと称する無制限の財政支出のニーズに応えてきました。しかしこの方法がいつまでも続くはずはありません。

しかも２０１９年10月現在、世界中が超低金利政策やマイナス金利を導入して「債券バブル」を起こした状態になっています。いまやマイナス金利の日本国債までもが「魅力的な安全資産」として外国人投資家に買われている状態です。世界の債券バブルが崩壊したときにどうなるのか。日本の債券バブルも、同時に崩壊する可能性が高いと言っていいでしょう。

債券バブルの崩壊とは、金利の上昇を意味します。日本の金利が上がってしまえば、日本政府は国債の利払いに大きな負担がかかり、ヘタをすればデフォルトの危険があります。日本政府はこうした心配をずっと続けていかなくてはならず、そのツケはいずれ国民に押し付けられることになります。

収拾するための手段は「徳政令」を出して「デノミネーション」を起こし、「預金封鎖」を行うこと。現在年金だけで暮らしている、あるいは日本円だけで資産を持っているような人は、この先どんな目にあうかわからないことを覚悟しておくべきです。

年金制度が維持できても超インフレになる可能性も大

①から④のいずれを見ても、日本の未来にはろくなシナリオがありません。とりわけ心配なのは人口減少と財政破綻、そして日本経済自体の衰退です。

人口減少によって、現在の年金の基本的なシステムである、現役世代が年金世代を支える「賦課方式」が崩壊してしまうことは十分に想定できます。

現在も、そしてこれからも年金制度を支える支柱になるはずの「税収」が確保できるかは極めて疑問であり、その影響はあまりにも大きいと言わざるを得ません。

ちなみに、年金制度の基本的な仕組みが守られたとしても、実際にそれで生活していけるかどうかはまた別の問題です。エネルギーや食料を海外に頼る日本にとって、最も心配しなくてはいけないのは、やはり円安に端を発した輸入インフレです。

世界中のあらゆる地域で起きている異常気象は、いずれ食糧不足という形で日本を襲うことになります。食糧価格は高騰し、高齢者が年金給付金だけで食べていくことはさらに厳しくなっていくということです。

第2章　日本の年金制度はいったいどうなっているのか

公的年金の仕組みをおさらいしよう!

すでに定年前後の年齢になっている人にとって、いまさら「公的年金とは何か」などという話はもはや意味がないと感じるかもしれませんが、受給するときのためにも、あらためて確認しておいてください。もう十分ご存じの方は読み飛ばしてください。

公的年金とは「日本国民の20歳以上60歳未満の全ての人が加入する年金制度」のことです。個人で加入する終身年金など「個人年金保険」は別モノです。公的年金の仕組みは「2階建て」構造になっており、1階部分が「基礎年金」あるいは「国民年金」とも呼ばれるものです。サラリーマンや公務員の場合は「基礎年金」と呼ばれ、自営業の場合には「国民年金」と呼ばれます。

2階部分には、会社員や公務員が加入する「厚生年金」が、基礎年金の上に乗っかる形で制度化されています。日本の年金制度の根幹は、この「基礎(国民)年金」と「厚生年金」によって構成されていると考えてください。「自分はサラリーマンだから厚生年金だけで国民年金は払っていないし、もらえない」と思っているかもしれませんが、

年金制度の基本的な仕組み

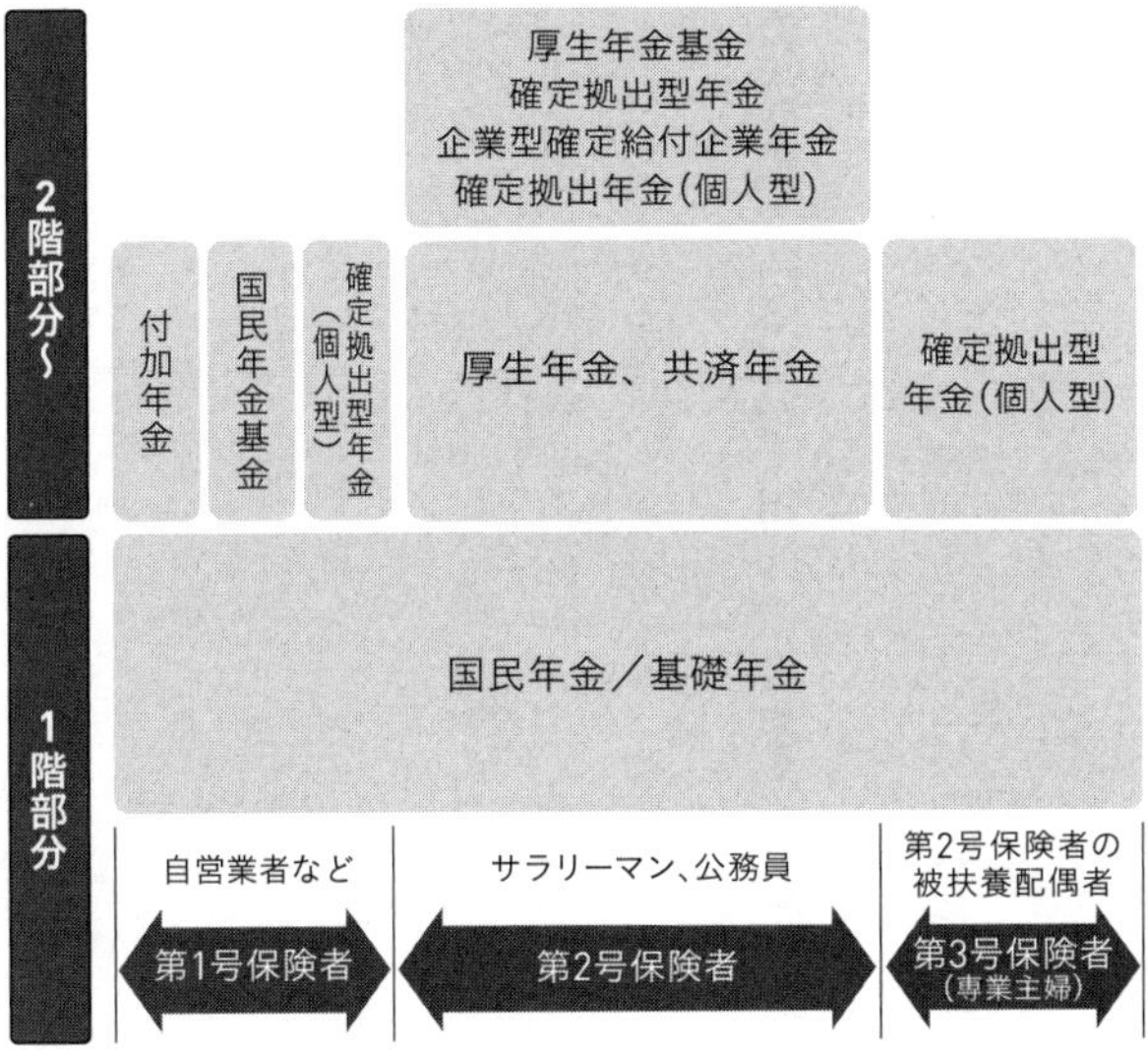

それは間違いです。

そのほか、国民年金だけでは不足すると考える人のための「国民年金基金」や各企業が運営する「企業年金」のカバー分として設立された「確定拠出年金」などが制度化されています。かつては、公務員は「共済年金」、会社員は「厚生年金」とされていましたが、現在では厚生年金に統合されようとしています。

さらに、年金加入者は自営業者や学生、無職の人たちの

「第1号被保険者」、会社員や公務員の「第2号被保険者」、そして専業主婦の「第3号被保険者」の3つに分類されています。

まず自分がどの分類に入るのか、1階と2階以外の部分にどんな保険制度があるのかなどについて、最低限のことは把握しておきましょう。

最近はサラリーマンであっても基礎年金、厚生年金に加えて自分で年金を運用する「確定拠出年金」に加入している人や、自営業・または3号保険者（専業主婦など）でも自分で年金を積み立てていく「iDeCo」（個人型確定拠出年金）といった新しい年金制度に加入が可能です。

「所得代替率」について知っておこう

さて、こう説明するとけっこうシンプルに見える年金制度ですが、実はとんでもなく複雑で、専門家でも正確に理解している人は少ないとさえ言われる代物です。

ここでは3つのポイントだけ紹介しましょう。日本の公的年金を理解するには、この言葉を覚えるだけでほぼ理解できるかもしれません。「所得代替率」と「マクロ経済スライド」「年金積立金」です。

まず「所得代替率」について知っておきましょう。

これは、年金受給者がどの程度の年金給付金をもらうことができるのか、その平均値を示す数字です。一言で説明すると「年金受給開始時の年金が、その時点の現役世代の平均賃金（ボーナス込み、手取り収入）の何％に達しているか」ということです。

ただしこれはあくまで平均で、現役時代の所得などによって代替率は世帯ごとに異なります。

義務的な加入年金の所得代替率の国際比較

日本	34.6%
アメリカ	38.3%
イギリス	22.1%
ドイツ	38.2%
フランス	60.5%
イタリア	83.1%
カナダ	41.0%
スウェーデン	55.8%

※OECD、2016年に年金制度に加入した男性の場合

日本政府は、公的年金の所得代替率を50％以上にすると約束しており、これは法律にも定められています。実際に、２０１９年公的年金の所得代替率は61・７％。年金受給者は現役世代の６割に当たる年金をもらっているということになります。

こうして見ると、日本の年金はなかなかのものじゃないかと思いがちですが、OECD（経済協力開発機構）が、毎年まとめている各国の年金制度を比較する「Pension at a glance 2017」によると、日本の所得代替率は34・6％（男性の総年金交換率、2016年の試算）しかないとされています。

日本政府が「60％を超えている」と主張しているにもかかわらず、なぜOECD発表の数値がこんなに低いのかといえば、日本の所得代替率の計算方法が、他の国と違うからです。厚生労働省の所得代替率の計算方法は、男性1人、女性1人をそれぞれ計算したものではなく、男性プラス専業主婦という「夫婦世帯」でカウントされており、さらに、計算式でも社会保険料や税金の処理によって高い数字になるように操作されています。

日本ではあまり伝えられることがないのですが、ここで米国の大手コンサルティング会社「マーサー」が毎年発表する「グローバル年金指数ランキング」を見てみましょう。貧困格差の大小や、中所得者層の所得代替率による「十分性」、制度の義務化や政府債務の状況による「持続性」、年金制度の透明性や見直しの制度がきちんと機能しているのかを見る「健全性」などによって各国の年金制度がランキングされているのですが、

グローバル年金指数ランキング（2018年度）

順位	国	総合指数	持続性	グレード
1位	オランダ	81	78.3	A
2位	デンマーク	80.3	82	A
3位	オーストラリア	75.3	73.5	B+
4位	フィンランド	73.6	60.7	B
5位	スウェーデン	72.3	72	B
6位	ノルウェー	71.2	56.8	B
7位	シンガポール	70.8	59.7	B
8位	ニュージーランド	70.1	61.5	B
9位	カナダ	69.2	61.8	B
10位	チリ	68.7	71.7	B
31位	日本	48.3	32.2	D
34位	タイ	39.4	38.8	D

※「マーサー・メルボルン・グローバル年金指数」（2019年度）より

日本は37カ国中31位（２０１９年）、いずれの項目も日本の評価は低い水準にあり、とりわけ持続性の部分が低くなっています。ちなみに最下位はタイ、１位はオランダ、２位はデンマーク、３位はオーストラリアです。Ａ～Ｅに分類されたグレードでは、下から２番目のＤです。Ｄとは「いくつかの望ましい特性はあるものの、対処すべき弱点・欠陥のある制度で、改善しなければ有効性、長期的な持続可能性は疑問視される」とされたグループで、その下の「Ｅ」は「初期段階の不十分な制度、または制度が存在しない」グループで、該当国はナシ。要するに、グレードでは最低評価です。

日本の年金制度ではさまざまな不祥事が続きました。記憶に新しいところでは「消えた年金問題」がありますが、その前にも汚職や着服、年金資金の無駄遣いなど数え上げればきりがないほどです。その上、所得代替率を巧みにごまかすなど、国民目線の行政になっているとは思えません。

いずれにしても、現在厚生労働省がアナウンスしている「所得代替率61・7％」という数字は、あくまでも60歳の男性が40年間にわたって厚生年金を納めた続けたモデル世帯で、しかも専業主婦の奥さんの年金と合わせた数字であることを忘れないでください。1世帯約22万円という標準金額についても、国際的にはこの数字は評価できるものではありません。日本の高齢者はけっして恵まれてはいないということです。

「マクロ経済スライドで年金は１００年安心」を信用するな

公的年金について、もう1つ「なんとなく」でも覚えておきたい用語が「マクロ経済スライド」です。

日本の年金制度では、現役世代の保険料負担が重くなり過ぎないように、５年に１度の見直し時期を定めて「財政再計算」を行うことになっています。そこで登場したのが「マクロ経済スライド」で、２００４年の年金制度改正によって導入された制度です。

この制度改正によって、国が負担する割合を引き上げ、積立金を積極運用することで公的年金財政の収支のバランスを取ろうとしたわけです。保険料水準の限界を定めて、その水準に徐々に引き上げていくことで、「現役世代の人数の変化」と「平均余命の伸びに伴う給付費の増加」という２つの要素を組み入れ、現役世代や企業が負担する年金保険料が緩やかに増えていくように調整する仕組みです。

それ以前の年金は消費者物価指数よって変動するシステムになっていました。２００４年のマクロ経済スライド導入以降、消費者物価指数に「年金受給者数の増加」という要素を加味して「スライド調整率」を定め、年金財源を計算していくことになったのです。

スライド調整率というのは、「公的年金被保険者数の変動率」に「平均余命の伸び率を乗じた数字」のことですが、これをきちんと理解している人はほとんどいないのでいちいち正確に覚えなくてかまいません。要するにインフレになっても、年金給付金はインフレに合わせて上昇しないという仕組みです。

もし円安になって輸入物価が上昇し、食料品などがどんどん上昇する時代が来た場合、以前のシステムであればインフレの上昇に合わせて年金給付金も上昇しましたが、マクロ経済スライドの導入以降、インフレ分は反映されなくなった、ということです。

マクロ経済スライドは、「将来の現役世代の負担が過剰なものにならないように、また年金制度の長期的な運用を可能にすることを目的として」導入されたものです。当時の自民党・公明党連立政権は「100年安心理論」として国民にアピールしました。

実はマクロ経済スライドが適用されたのは2回だけです。日本はここ20年あまり一貫してデフレ経済に陥り、実質賃金も増えませんでした。

詳細は省きますが、マクロ経済スライド方式は、景気拡大の局面においても、また景気後退局面においても、柔軟に年金受給額を変化させることができるようにしたものですが、賃金と物価が同時に下落した場合には、マクロ経済スライドが活用できないのです。年金の制度維持が約束された仕組みのように見えますが、少子高齢化が進んでいく中、年金給付金はマクロ経済スライドによってどんどん減らされていく可能性があるということです。

賃金、物価の変動と年金給付額の関係は次のようになります。

●ある程度、賃金と物価が上昇した場合

スライド調整が自動的に行われ、年金給付の伸びが抑制されます（スライド調整率の適用が行われる）。

●賃金と物価の伸びが小さい場合

スライドの自動調節を完全に適用すると、年金の給付金の名目額が下がってしまいますが、名目額を下限とする措置が取られているため年金額は変化しません（スライド調整の効果が限定的になる）。

●賃金と物価が下落した場合

厳密には、賃金と物価の下落率分は年金額を引き下げるのが常識ですが、物価や賃金の下落分まで引き下げずに一定の下限を定め、さらに「キャリーオーバー制度」が導入されたことで、年金額は前年度を下回らない水準を維持することになっています（スライド調整の効果なし）。

２０１２年のアベノミクス以降も、物価水準は政府が目標とするプラス２％に届かず、物価は下がりもしなければ上がりもしない状態が続いています。

しかも実質賃金は下落を続けており、実質的にマクロ経済スライドを導入した効果は得られていません。もし物価がどんどん上昇するようなことになれば、物価は上がるけれど年金は増えないという状況になる可能性が高いと考えていいでしょう。

年金積立金の推移を見れば年金の破綻が見える

ニュースなどを見るときにもう1つ気にしてほしいキーワードが「年金積立金」です。

現在の日本の「年金財源」は、大きく分けて次の3つです。

①加入者が支払う保険料

現役世代の人が支払ってくれる保険料です。会社員や公務員の場合は、半額は会社や役所が支払ってくれます。この保険料も重要な年金資源です。日本の年金制度は、賦課方式をとっているため、現在年金受給者が受け取っているのは、この現役世代が支払ってくれる年金保険料が、最も大きな原資となります。

②税金

年金財源、とりわけ基礎年金部分の年金は、半分が国の税金から賄われています。この税金負担分を維持するために、消費税を上げていかなくてはならないと考えてもいいでしょう。厚生年金、国民年金なども合わせて約12兆４８８億円（２０１９年度予算）の税金が使われています。

③年金積立金

２００４年のマクロ経済スライド導入時に、積立金を活用していくことが明記され、現在厚生労働省が試算しているシミュレーションは、この積立金が残り1年分の資産残高になったところまで試算していると言われています。つまり、この年金積立金がすさまじい勢いで目減りしていくようなときは、年金の破綻が近いことを物語っています。

日本の公的年金には「年金積立金管理運用独立行政法人（ＧＰＩＦ）」という組織が

あり、国民年金と厚生年金の「年金積立金」を運用しています。なぜか公務員の年金である共済金は加入していません。

ＧＰＩＦは、安倍政権の前まではリスクの少ない国内債券や国内の投資信託などで安定した運用を行ってきましたが、安倍政権以降、国内債券や国内株式だけではなく、海外の債券や株式にも投資するなど「積極的な運用」に方向を転換しました。

とりわけ国内株式市場では、ＧＰＩＦは公的資金拠出機関、いわゆる「５頭のクジラ」の1頭として、５頭中でも最も多額の資産を拠出する機関として、株価維持に貢献している存在と言われています。

要は、「国民のための年金積立金を原資として極めてハイリスクな運用商品に投資をしている」ということです。運用実績はその時の金融市場の状況によって大きく変化します。たとえば２０１８年度には2兆３７９５億円、２０１９年の4~6月期には、２５６９億円の利益を出しており、一見順調のように見えますが、問題は国民の宝である公的年金を、ハイリスク運用するのはどうなのか、ということです。

海外では年金資金を積極運用するのは当たり前で、ある程度リスクのある金融商品に

GPIFの年金資産運用内容（2019年6月末）

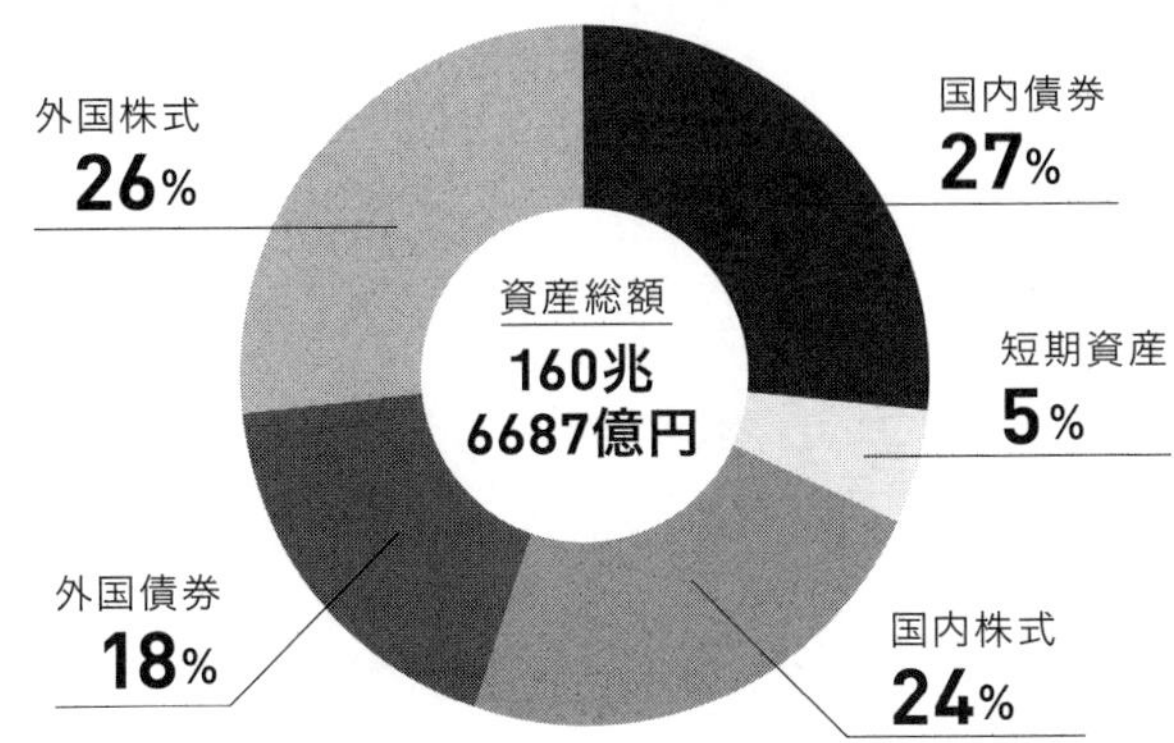

投資するのは自然な投資行動ですが、日本でそうした投資運用環境が整備されているのかどうかは疑問です。そもそもＧＰＩＦにそうした人材がそろっているのかなど、数多くの懸念が指摘されています。

ちなみに２００１年から２０１９年６月末までの運用成績は、プラス66兆７７７億円、収益率３％となっています。収益率３％といえばさほど大きな運用益ではなく、安定した運用益と言えます。しかしアベノミクス以降、より積極的な市場運用が始まってからの運用益は２０１２年度がプラス10・２３％、２０１４年はプラス12・２７％となっています。

運用益は上がっていますが、決して忘れて

はならないのは、資産運用にはボラティィリティ（価格変動幅）があるということです。プラス10％の「ハイリターン」があるということは、マイナス10％の「ハイリスク」もあるということを示しています。

2019年財政検証、最悪のケースでは基礎年金部分の解散も

これからの年金についてさらに検証しましょう。

2019年8月に、5年に1度の年金財政検証の結果が公表されました。これは年金財政の通信簿とも呼ばれ、状況に応じて見直しを行うためのものです。今回大きな「見直し」はありませんでしたが、いくつかのポイントを挙げておきます。

今回はケース①～⑥まで、6つの経済前提を想定して2049年度までの見通しを示しました。試算の方法は、「夫が会社員で60歳まで厚生年金に加入し、妻が専業主婦の世帯」をモデルにして、所得代替率が将来どう推移するかを計算したものです。

政府は、前述の通り所得代替率50％を確保することを目標にしています。今回の財政

検証では、現役世代の手取り平均額35万7000円に対して、年金給付額は約22万円、所得代替率は61・7％でした。ただし、先ほども説明しましたが、この22万円はあくまでも専業主婦である奥さんの基礎年金が入った金額です。したがって、夫１人で計算すると約15万5000円（基礎年金6万5000円＋厚生年金9万円）となり、所得代替率も35万7000円に対する15万5000円となり、所得代替率は43・4％になります。

この点を踏まえて「財政検証」を検証してみましょう。

今回の財政検証では、6つのケースについて経済成長率を設定し、ケースごとに所得代替率がどれくらいになるかを計算しており、概要は以下の通りです。

ケース①……実質成長率0・9％の場合、所得代替率51・9％
ケース②……実質成長率0・6％の場合、所得代替率51・6％
ケース③……実質成長率0・4％の場合、所得代替率50・8％
ケース④……実質成長率0・2％の場合、所得代替率46・5％
ケース⑤……実質成長率0％の場合、所得代替率44・5％

ケース⑥……実質成長率マイナス0・5％の場合、所得代替率35〜37％

ケース①〜③については、経済成長が進み、年金加入者が増える（＝労働参加が進む）ケースとして設定されており、2046年ないしは2047年まで、所得代替率50％超を維持できるとしています。

前回の2014年の財政検証と比較すると、将来の所得代替率はわずかに上昇していますが、6つのシナリオの中で最も楽観的なケース①の場合でも、所得代替率は51・9％となっています。

いまの年金受給者は、現役世代の6割程度の給付金額をもらっていますが、楽観的なシミュレーションでも30年後には5割程度になるということです。実際にどの程度楽観的かというと、次のような条件の下での試算です。

物価上昇率……2・0％

賃金上昇率……1・6％

運用利回り………３・０％
経済成長率………実質０・９％
合計特殊出生率…１・４４（２０６５年）
平均寿命…………男84・９５歳、女91・３５歳

実質成長率０・９％の成長という条件は、以前に比べれば現実的な設定になりましたが、いまの日本経済がこの成長率を達成するのは、かなり厳しいと考えたほうがいいと思います。また２％のインフレ率は年金生活者にとっては非常に厳しい条件になります。

実際、この条件で想定した場合、現役世代の平均収入は２０６０年の段階で62万９０００円となり、夫婦の年金額は32万７０００円となります。所得代替率は51・９％。インフレ率が年２％であれば、この程度の金額になるということです。

最も悲観的なシナリオでは所得代替率が35〜37％に下落

今回の６つのシナリオのうちケース①〜③までは、経済成長を保ち、実質賃金や運用利回りも２％程度上昇することを想定したものです。これまでの財政検証はこうしたシナリオばかりでしたが、今回は、実質成長率が０・２％のケース④、実質成長率が０％のケース⑤、そして実質成長率がマイナス０・５％になるケース⑥のパターンも示しています。

ケース④〜⑥のシナリオは「うまくいってもわずかな成長しかしなかった場合」という前提ですが、これらのケースでは、いずれも所得代替率は50％を割り込む数字になっています。

最も想定が厳しいケース⑥の所得代替率は35〜37％となっており、現在よりも、最大で25％も所得代替率が下落することになりますが、シミュレーションでは最大16％の減少と説明しており、この場合は「国民年金の積立金が枯渇し、制度の解散もしくは抜本的な改革が求められる」としています。これは賦課方式の廃止を示唆し、自分の年金は自分で積み立てなければならない、というケースです。

厚生労働省はマクロ経済スライドを導入した２００４年時点では、２０２３年度まで19年間年金給付を抑制して調整すれば、人口のひずみや少子高齢化の影響を解決できると試算していました。しかし、今回の財政検証では、最も経済状況が良かったケースでも、今後さらに２０４３〜２０４４年度まで給付の制限をしなければならないという結果を出しています。

各ケースの設定条件などの詳細については省略しますが、①〜⑥に向かって、日本の経済成長が「思い通りに行かない度合い」が高い場合と考えてください。

ちなみに、今回の財政検証では若い世代が何歳まで働けば、２０１９年に65歳で年金受給が始まった高齢者と同じ水準の年金をもらうことができるのかについても、試算しています。その結果は次の通りです。

現在20歳の人……68歳９カ月
現在30歳の人……68歳４カ月

現在40歳の人……67歳2カ月
現在50歳の人……66歳

要するに、現在50歳の人は66歳まで働けば、いま65歳で年金受給を始めた人と同じ水準の年金がもらえるはずだ、ということです。にわかには信じられない楽観的な数字です。そして、20歳以上の人は68歳9カ月まで働く必要があることが示されました。

これは筆者の個人的な考えですが、要するに「年金積立金が160兆円以上もあるのだから、高齢者がどんどん増えてていっても、ここ10年くらい年金財政は持つだろう」と考えているとしか思えません。しかしGPIFの年金運用が、53ページの通りリスクの高いものであることを考えると、簡単にこの楽観論を信じることはできません。

「賦課方式」が壊れる時が来るかもしれない

さて、今回の財政検証で問題になるのは、やはり最も厳しいシミュレーションのケース⑥の場合です。つまり日本の実質成長率がマイナスに転じた場合です。

日本経済がマイナス成長に転じるシナリオは、絵空事ではありません。少子化が進み人口減少が進行する中で、自民党政権は移民を受け入れず、頼みの外国人労働者は５年程度の滞在で単純労働に従事させよう、などと身勝手なことを考えています。

いずれ優秀な外国人労働者は誰も日本に寄りつかなくなり、日本経済は衰退の一途をたどる可能性があります。実際、ここ20年の間に、日本の「１人当たりのＧＤＰ」や「実質賃金」「労働生産性」などは、どれをとっても先進国中最低のレベルになっています。それどころか、アジアの中でも中国や韓国に追いつかれ、抜かれつつあります。

ケース⑥は国民年金が年金資産を失い、立ち行かなくなった場合の試算ですが、それが現実になれば、「賦課方式」を見直すような、大胆な制度改革が迫られるはずです。

賦課方式をやめた場合の年金制度はどうなるのか。下の世代が納めた保険料で上の世代の年金を賄う賦課方式さえ維持できない日本は、国際的にもその信用を失うでしょう。

たとえばサラリーマンの場合、現在は会社員が企業と折半で年金保険料を納めてきたわけですが、賦課方式をやめた場合に考えられるのは、現在は企業独自の年金である

「確定拠出年金」のような形式への変更です。

米国では、昔から「401Kプラン」と呼ばれる年金制度が普及していますが、これは企業と従業員が半分ずつ資金を出し合い、その資金を従業員自身が自己責任で運用する方式で、「確定給付年金」とは異なり、年金機構や政府が運用のリスクも責任を取らずに済む方法です。国民に年金の給付を約束しなくて済むために、税負担などが、最小限に抑えられます。

しかし問題は、日本の制度を確定拠出年金型に移行するとしても、それにはどれだけの時間がかかるのか、ということです。はっきりとしたシミュレーションは行われていませんが、高齢者人口が35%を超す2040年（2017年推計）以前に賦課方式をやめ、確定拠出年金タイプの年金制度を変える必要もあるのかもしれないのです。

それができないとなれば、やはり年金の支給開始年齢を現在の65歳から段階的に引き上げて、最終的には75歳ぐらいにしなければならないでしょう。日本に限らず、世界的に見ても年金の受給年齢は上がっています。先進国はいずれも平均寿命が延びており、現在の年金制度ではもたない状態になっていると言っていいでしょう。

第３章

年金制度が破綻しても生き残る老後サバイバル術【基礎編】

現在公的年金だけで生活している高齢者は全体の約半数

さて、ここからは、たとえ年金制度が破綻しても、あるいは公的年金が大きく目減りしても、生き残っていくにはどうすればいいのか、そのサバイバル法はあるのかを、考えてみたいと思います。

まず、現在の高齢世帯（世帯主が60歳以上の世帯）の「収入の内訳」を細かく見ておきましょう。

23ページでは、「世帯主が60歳以上の無職世帯」の平均収入、支出内訳を紹介しましたが、この年代は働いている人も多いため、働いている人、働いていない人を合わせた場合の調査も紹介します。厚生労働省が発表した２０１７年の「国民生活基礎調査」によると、高齢者世帯の収入の年間平均所得は３３４万９０００円（働いて得た所得85万１０００円、利子・配当など26万７０００円、公的年金２０４万５０００円）。こちらは前年に比べて５・１％増えています。また、所得に占める公的年金の割合は61・１％

ですがこれは前年比5・2％減少しています。60歳以上になっても働き続ける高齢者が増加したため、こういう数字になっているのです。

公的年金の平均所得は、前年に比べて3・2％の減少。公的年金の給付水準が少しずつ減少していることが影響しているようですが、単身世帯が増えていることも要因の一つです。ちなみに「公的年金のみ」で暮らしている世帯は全体の51・1％です。

公的年金の平均所得204万5000円は、月額にして約17万円。総務省の家計調査年報の統計でも、平均的に見て月額17万円で生活するのはかなり厳しいとされ、他雑収入が月2万円、預貯金から約4万円程度を補塡している、というのが平均的なイメージでした。

厚生労働省の国民生活基礎調査でもほぼ同じような収入の水準ですから、預貯金がある人は、毎月約4万円ずつ預貯金を切り崩して生活していくことになります。問題は、収入の大半を占める公的年金が役に立たなくなった時にどうするか、ということです。

年金減額、負担増、インフレの3大リスク

もちろん、前述のように公的年金制度の変化だけが老後のリスクではありません。激しいインフレや消費増税、あるいは日本経済の大きな変革によっても、老後の生活は大きな影響を受けます。どんなリスクがあるのか。まずは、整理しておく必要があります。大きく分けて次の3つが考えられます。

①年金の減額
②増税、医療費、介護料の負担増加
③インフレ

これらのリスクの中で、最も現実味の高いのが①の年金給付額が減ることです。2019年の財政検証でも、最悪のシナリオでは年金給付水準が現役世代の35〜37%程度になるとされていることは前章で書いた通りです。

現在の公的年金の給付水準が現役世代の平均収入の6割とすれば、現在の約半分程度になる可能性があるのですから、今までのようには暮らしていけないかもしれないとい

うことです。

現役世代の平均賃金の６割を超えた水準を維持しているため、現在の高齢者は比較的豊かと言えますが、今後この豊かさが維持できるとは考えにくくなってきます。

②の増税や社会保障費の負担増も避けられないリスクの一つです。

日本は、いまやＧＤＰの２５０％相当の財政赤字を抱えているわけですから、将来的にそれを返すためには、さらなる消費税増税や社会保障費の負担増は避けられません。

財政赤字が国民の将来にどんな影響をもたらすかは明確にはわかりませんが、財政赤字は膨らむ一方であり、現在の政府年間予算の３分の１は発行している赤字国債の償還や利払いに使うお金です。高齢者がどんどん増えて、年金の財源が枯渇するようなことになったときに、政府が税金を使って、破綻を阻止してくれるといったシナリオは期待できなくなります。結局、自己責任で何とかしなくてはいけないことになります。

③のインフレも、もちろん避けられないリスクです。

どのシナリオに帰着するにせよ、最終的には自己責任で何とかするしかありません。

老後の収入を考えるときには、現在でも半分以上の人が依存している「公的年金」の安全性については、注意深く見守る必要があります。

公的年金による収入が大きく減ったら、その分をどうやって補填すればいいのかをあらかじめ考えておいてほしいと思います。

本来であれば、国家破綻や戦争についても備える必要があります。日本人は戦後見事なほどに平和ボケしてしまい、究極の事態に対応することを忘れてしまっていますが、少なくとも海外に口座を作って資産を移しておく、あるいは仮想通貨（暗号資産のひとつ）など、日本円の動向と関係のない資産を保有するなど、準備はしておくべきかもしれません。

「可処分所得」がどんどん減っていく！

「国民生活基礎調査」は、単身女性やひとり親世帯の貧困問題について議論する際にも使われる数字ですが、このデータを見れば高齢者世帯の平均的な姿がわかります。

2018年、65歳以上の高齢者のうち「同居の子供あり」と答えた人は全体の38・4

%（うち子供夫婦と同居は11・4%、配偶者のいない子と同居が27%）で、1人暮らし世帯が18・6%、夫婦のみの世帯が38・9%です。

もちろん同居していなくても子供が親の生活を支えてくれる場合もありますが、多くの高齢者は、子供に頼らず生きていかなければならないとも言えます。

さて、先ほどの「3つのリスク」が実際に襲いかかってきたときに共通するのは、使うことができるお金、いわゆる「可処分所得」が減っていくということです。

夫が65歳以上の無職世帯の可処分所得は、月額19万3743円、年額約232万円（2018年、総務省「家計調査年表」）。高齢者世帯はもともと「可処分所得」が少ないのですが、それがさらに減ることになります。高齢無職世帯の半数以上が公的年金だけに頼って生きているのですから、高齢者の生活への影響は計り知れません。

同居・別居を問わず、まだ働いている子供たちに頼ろうと思っても、子育てがまだ終わらない彼らに親を養う余裕はないはずです。

「いざとなれば生活保護を受ければいい」とも思うでしょうが、公的年金の不足分を補えないほど政府の財政状況が悪化してしまったときには、生活保護制度も大幅に変わっているはずです。現在は「生活保護世帯のほうが、年金暮らしの単身世帯よりもずっと豊かだ」とさえ言われますが、そんな時代は消滅しているでしょう。

年金が破綻しても老後を破綻させないための6つの方法

資産の防衛、不足分の補填方法として考えられるのはまず6つ。

①自分で働いて生活費を稼ぐ
②預貯金を取り崩して不足を補う
③資産運用による収益で不足を補う
④不動産の家賃収入などで不足を補う
⑤預貯金の利子、株式配当等で収入不足を補う
⑥保有する資産を現金化する

まずは①の「自分で働いて生活費を稼ぐ」方法ですが、これは年齢や健康状況によって極めて不安定です。80歳になっていきなり生活費が足りないから働くといっても限界があります。

②の「預貯金を取り崩して不足を補う」方法ですが、問題は公的年金が通用しなくなるような時代に、貨幣価値が変化していないかどうかということ。1億円の預貯金があったとしても、10年後に半分の価値しかなくなっている可能性もあります。

また、自分の寿命があらかじめわかっていれば簡単ですが、どの程度預貯金を用意しておけばいいのか、満足できる金額はどの程度なのかは、これまた極めて不透明と言えます。

老後のための「資産作り」と、老後から始める「資産防衛」

③の「資産運用による収益」はどうでしょうか。資産運用といっても目的は貴重な老

後資金の防衛とサバイバルですから、もちろんハイリスク・ハイリターンを狙うものではありません。

老後のための資産作りには2つの意味があります。一つは、若いうちから老後資金を蓄える資産作り。そして、もう一つは、長い老後期間に資産の目減りを防ぐための「資産防衛法＝マネーサバイバル」です。この章では退職金を含めて1000万～2000万円程度の資産はある、あるいは定年退職後にこのくらいの蓄えが残るだろう、という人を対象としてアドバイスしてみます。

定年前後の世代にとって必要なのは「今から貯める」「今から増やす」よりも、「これ以上減らさない」ことです。

現在60歳代の人の平均的な貯蓄額（＝資産額）は、金融広報中央委員会の調べによると1849万円（「家計の金融動向に関する世論調査」／2018年）という結果が出ています。

ちなみに、これは貯蓄がゼロの人も大富豪も含む平均値であって、最も多くの人が持っている金額「中央値」は、60代の場合、1000万円です。

「増やそう」ではなく「守る」ことを優先して自力で勉強を

年金を受け取りながら貴重な老後資金を守っていくのは、そう簡単ではありません。昔は、銀行の口座に預けておけばそれで安心でしたが、いまそんな方法は通用しません。金利はないに等しく、インフレもあれば、運用の失敗もあります。

信頼できるアドバイザーがいればいいのですが、世界の富裕層が活用しているような「アドバイザリー型資産運用」も、日本ではあまり浸透していません。むしろ高齢者をだますような金融機関が多く、安心して資産作り、資産防衛ができない、という金融環境の劣悪さも気になるところです。たまたま知り合いに紹介されたから、先週の週刊誌に書いてあったから、窓口で勧められたからというだけで飛びつかずに、気になる金融商品があったら、それがどんなものなのかを自分でちゃんと調べてください。できるだけ出版年が新しい書籍、信頼できそうな著者のものを選ぶことも大切ですし、ネット検索するときも確かな情報源のものを選び、その情報が最新かどうかもチェックしましょう。

とりわけ、老後の資産運用は20年、30年の長期にわたるものです。目先の市場動向に振り回されない冷静さと知識も必要です。明確に理解できないものについては、安易に手を出さないでください。

そして、どんな方法であれ、よほど上手に運用しなければ利益は出ないことを覚悟してください。月額4万円を投資によって賄うためには、1000万円の元手なら年率4・8%の利回りで運用しなければなりません。それでも、年率1%で運用できれば年に10万円の利益が出ます。20年つづければ280万円です。

配当や家賃収入などのインカムゲインを確保する

④の「不動産の家賃収入」といった方法もあります。賃貸収入は、老後の資産作りにはベストとされてきた方法の一つですが、この方法も手放しでは賛成できません。

アパートやマンション経営などは相続税対策の面でも極めて有効でしたが、今後はどうなるか不透明です。現実問題として、関東圏におけるアパート経営は、人口減少などによる需要の変化によって、一部の物件を除き、今後は大きな損失を出す可能性もあります。1990年代のバブル崩壊によって、地方の不動産価格は20年間で最大10分の1にまで下落しました。この数年は2020年東京五輪などを控えた再開発、マンション建設などで都内の一部の不動産価格は上昇しましたが、それも続くはずがなく、これからの20年で、再び大きな下落が起きる可能性もあります。

マイナス金利の時代、利息や債券配当には期待しない

⑤の「預貯金の利子、株式配当」といったインカムゲインによる収入で老後資金を賄う方法です。常識的にはこの方法が一番現実的には思えますが、それぞれメリット、デメリットやリスクがあります。

預貯金の利子で生きる、あるいは債券の配当で生活するという収益確保の方法は、誰もが知る通り、現在では極めて困難な方法と言わざるを得ません。

日本をはじめとする先進国で「マイナス金利」はもはや当たり前と言っていい状況です。債券を持ち続けてもいずれは元本割れの状態で償還されるリスクが高く、もはや預貯金や債券といった金融商品では儲けられない時代に入ったのです。リーマンショック以来、世界は各国政府が量的緩和や金利引き下げといった「金融緩和」に走り、世界中の金融市場に「お金があまっている状態」が起こり、日本国債や米国国債といった債券は「バブル」が続いています。

債券市場というのは、金利が下がれば下がるほど、債券本体の価格が上昇するため、現在の債券価格は最高値の状態がずっと続いているわけです。世界中が超低金利のいま、債券価格は世界中で高騰しており、バブル状態に陥っていると言っていいでしょう。「預貯金の利子や債券の配当」は基本的なところでは当面当てにできないということです。

優良企業の株式には希望の芽がある

しかし、インカムゲインが絶望的なご時世の中にも、希望があるものは存在します。それは、世界中に数多くある企業の株式に投資して、その配当やキャピタルゲイン（売買益）を目指す投資です。

とはいえ、大儲けはまず期待できないし、老後に大きなリスクを負うわけにはいきません。ただし、企業の中にはある一定の配当を約束しているような高配当銘柄も存在します。

賢い高齢者の中には、すでにこうした高配当銘柄を中心に投資している人も数多くいます。ただ、そういう人はどの銘柄が安定した高配当を出すのか、きちんと見極められる経験と知識を持っている人です。

詳細は第４章に譲りますが、たとえば米国の企業でいま最も買われている企業の一つがアマゾンです。ＧＡＦＡと呼ばれる超優良企業の一つですが、米国人はこうした優良企業に投資して自分の老後に備えています。米中貿易戦争で揺れるファーウェイやアリババも面白いかもしれません。

株式は高配当銘柄に投資することで高い配当を得ることができますが、その反面突然倒産したり、業績不振に陥って株価が暴落したりするリスクもあります。

たとえば、かつて東京電力は高い配当を出す銘柄として、数多くの投資家が保有していた優良銘柄でした。ところが東日本大震災以来、それは伝説になってしまいました。当たり前のことですが、どんな優良企業であれ、株式投資にこうしたリスクはつきものです。

人口減少時代の不動産投資は慎重に

残るは⑥の「保有する資産の現金化」です。不動産や絵画などの資産を切り売りしていく方法で、金投資などもこのカテゴリに入るかもしれません。貴金属や絵画、高級時計を収集し、いざという時にはそれを売って食いつないでいく、という方法です。

問題なのは不動産です。日本は持ち家比率が非常に高く、数多くの人が家を持っています。日本経済はかろうじて日本銀行の量的緩和やアベノミクスという幻の経済政策でもっているように見えますが、いずれは不動産価格も暴落する時がやって来るはずです。

マイホームを売却して老後資金に回すという方法が取れなくなるかもしれません。

「リバースモーゲージ」といって、持ち家を住んだまま担保にして月々お金を借り入れ、借りた分は死亡後に金融機関が担保物件の家を処分して一括返済する、という方法もあります。もちろん借入利息はつきますが、日常的な支出はこれだけ。たとえば定年退職後に住宅ローンが残っている場合、これをリバースモーゲージに切り換え、ローン返済額を減額することもできます。契約者が亡くなった場合、残された配偶者が契約が引き継げるケースもあります。

ただ、夫婦ふたりとも１００歳まで生きた場合、融資限度額までの資金を生きているうちに使ってしまう可能性もあり、さらに現実的なのは不動産価格の暴落です。いざというとき、思い通りの価格で売れるかどうかは怪しくなります。また、変動金利を採用している契約の場合は、金利が上昇すると月々の金利額が高くなる可能性もあります。

ちなみに、日本の不動産価格はバブル時代に比べて30年かけて、都市部の商業地などを除いてざっと10分の１に暴落しました。かろうじて維持している都心部の不動産価格も今後の展開は見通せません。タワーマンションなど人気の物件は、バブルになっており、いずれは適正な価格まで下落する可能性も高いでしょう。

自分の老後にいくらかかるかはインフレ次第

老後資金の算出が難しいのは、自分の寿命がわからないことと、長期にわたるシミュレーションが必要になることです。長期間のシミュレーションでは、どうしても「インフレ」を考慮に入れた計算が必要になります。つまり同じ100万円でも、インフレ率によっては、10年後には今50万円のものしか買えなくなってしまう可能性もあるということです。

幸か不幸か、日本はここ30年間ほど、ほとんどインフレになりませんでした。この背景には、日本経済の低迷があります。1990年代にバブルが崩壊し、それ以後、日本は効果的な経済政策を打てず、抜本的な構造改革ができないままデフレに陥り、その期間は「失われた20年」とも「失われた30年」とも言われてきました。

食料品でさえも、四半世紀でわずか4％程度しか上昇していません。年金生活者にとっては収入は増えない反面、生活費も上昇しないのですから「天国」のような環境です。

日本はこの長いデフレの期間があったために、その分お金の価値が上がり、しかも「価格破壊」的な店やシステムが増えたため、給料はさっぱり上がらないわりに、それなりに豊かな生活を送ることができたわけです。銀行の利息はほとんどゼロに近い状態でしたが、銀行にお金を預けておいても、インフレで目減りすることもなく、どうにか豊かな老後を過ごすことができたのです。

これからの30年、そんな都合のいい経済環境が続くかどうかが問題です。低成長が続くことは間違いないかもしれませんが、インフレなき経済環境が、そのまま続いてくれるのかについては大いに疑問です。

ちなみに、１９９５年を1とした場合、２０１８年の消費者物価は世界平均では２・7強、先進国でも1・5強の「インフレ」になっています。

２０１９年の１０００万円は、四半世紀もたてば実質的な価値は半分程度に目減りしていると考えなくてはいけないようです。それが「世界標準」ということは知っておいてください。

第４章

年金制度が破綻しても生き残る老後サバイバル術

【実践編】

公的年金だけでは食べていけない時代を自覚する

財政検証によって、日本の年金制度では将来的に現役世代の年収の半分、最悪の場合は3割程度にまで下がってしまうことがわかりました。現在、公的年金制度だけで暮らしている人が半数を超えていることは前述の通りです。現在70代以上で、これまでは公的年金だけで食べてきた人であっても、今後は年金生活以外の収益源を見つけなくてはならない時が来るかもしれません。定年前後の世代はこれを頭に入れた上でサバイバル術を身につけたいものです。

公的年金以外の収入を獲得するための資産防衛について具体的に考えてみましょう。

政府は、年金以外に2000万円必要だと試算しましたが、定年時に2000万円を用意しても、そのまま放置しておいては社会のさまざまな変動に対応できなくなる可能性があります。

支払われる年金が減ったり、インフレが起きた場合、超低金利のいま、お金は預けておくだけではどうしても目減りしていきます。ある程度の蓄えがあっても、そのお金で利息を生み出し、配当をもらえるような形にしておかないと、年々その蓄えは価値を失っていきます。資産価値の目減りを防ぐためにも、きちんと資産運用の基礎を学び、価値が目減りしないよう運用してほしいと思います。もちろん、大儲けするのではなくなにより「目減りを防ぐ」ことを目的としてください。これまでに投資経験のない人にとってハイリスクの投資戦略を考えるのは「アタマの体操」にはいいでしょうが、実際にはお金があまった人がやることです。よく計算して「これだけなら、最悪ゼロになっても困らない」額だけを原資にすべきです。

まずは資産運用に関する基本的なスキルを紹介しておきましょう。まずは、この5点。

①分散投資をすること
②外貨建て資産を増やして、海外の金融商品のウェイトを増やしていく
③金や仮想通貨など、金融マーケットの動きとは異なる金融商品を増やす
④金融マーケットの暴落に強い金融商品に投資をしておく
⑤インフレに勝てる資産運用を心がける

これらのポイントは、どれも大切な資産防衛の基本中の基本と言っていいでしょう。

資産防衛だけで年金の破綻や日本政府のデフォルトなどに対応するのはかなり難しいかもしれませんが、やはり公的年金だけに頼らない老後を想定していくことが大切です。

では、老後を守るためのノウハウを順に考えてみます。

STEP 1 今すぐ全財産預けっぱなしの銀行預金を引き出して分散投資を！

日本の高齢者の多くは自分の全財産を銀行に預けていますが、この方法はいまや限界に来ています。ほとんど利子のつかない預貯金では、将来の急激なインフレに対抗できないのです。いまだに「定期預金に預けてあるからとりあえず安心」などと言う人がいますが、とんでもない話です。

普通預金でも定期預金でも、銀行に入れっぱなしになっているお金を引き出して分散投資することは、日本の高齢者が最初にすべきことと言っていいでしょう。

全財産をどんな形で、どんな割合で持っているかを表にしたものを「ポートフォリオ」と言いますが、銀行の定期預金の割合だけが高いポートフォリオにしておくと、円が暴落してインフレになった時、円の価値はどんどん目減りしていくことになります。

安倍政権は物価上昇率を２％にすることを目指していますが、インフレ率２％ということは、現金の価値が1年間で２％失われていくという意味で、仮に２％が10年間続くと、10年後には21・８９％の資産が目減りしてしまうことになります。

１０００万円の貯金をほぼ金利ゼロの銀行預金に預けっぱなしにしておくと、年２％のインフレが10年続けば、実質的に８００万円以下になってしまうわけですから、インフレ率を考えた場合、すべての資産を銀行に預けておくだけ、というのは無謀です。

インフレが続いた場合には預金の金利も若干高くなるかもしれません。しかし日本政府は１４００兆円もの財政赤字を抱えています。金利上昇は国債の利息がどんどん膨らむことになりますから、そう簡単に金利を上げることはできません。できたとしても最小限の引き上げになるはずで、政策金利や銀行預金の金利がインフレ率を上回ることはまずないでしょう。

こうした現実を踏まえ、最近は銀行も個人投資家から資金を集めて運用する「投資信託」や「貯蓄性のある生命保険」を販売するなどさまざまな金融商品を販売しています。

銀行や証券会社は自社系列の投資信託運用会社を傘下に持っています。中には素晴らしい運用成績を上げている運用会社もありますが、日本の金融機関は、あいかわらず本社の都合で「キャンペーン商品」を顧客に無理やり売りつける、というのが主流です。

銀行や証券会社の多くは、投資信託について3％近い販売手数料を徴収しています。これに投資信託の運用費用である「信託報酬」の3％前後を加えると、購入した年は6％近い額を徴収されることになります。インデックスファンドなどもっと安いものもありますが、こんな手数料ビジネスは世界では通用しない「悪徳商法」です。

また最近は、運用方針を示すだけであとは丸投げの「ファンドラップ」が主流になっていますが、この運用手数料の高さも問題視されています。

投資信託は、運用戦略にもよりますが、大切な顧客の財産を長期保有することで守ることが目的の金融商品ですから、本来他の商品以上に「顧客重視」が求められるものです。しかし日本の金融機関は、企業融資などの実績が上がらない分、個人顧客に投資信託を勧め、高い信託報酬や販売手数料を取ることで補ってきたのです。

まず、その実態を知っておいてください。手数料は証券会社よりは銀行のほうがやや低く、この5年で少しずつ下がっていますが、海外と比較すると高い。こうした現実に金融庁も対策に乗り出し、高い手数料を取っておきながら運用成績の悪い投資信託が多いことを指摘、厳しく批判しました。

投資信託などに興味を持って金融機関の窓口を訪れる時に頭に入れておいてほしいことは、「窓口担当者は本部から指示された投資信託や保険を強く勧めるのが基本で、顧客の資産運用の状況や家族構成、生活スタイルなどをじっくり考えて商品を勧めてくれるわけではない」ということです。

もちろん、資産の状況を考えた上でアドバイスをしてくれる銀行や証券会社も以前よりは増えてはいますが、やはり海外の銀行などがやっている「アドバイザリー型資産運用」の域までは達していないようです。また、実際にこうした運用をしたくても、海外のアドバイザリー型資産運用の最低預入金額は数千万単位と高額な場合が多く、１００0万~２０００万円程度の預金しかない日本の普通のサラリーマンには敷居が高いでしょう。

銀行や証券会社のファイナンシャルプランナー（FP）は、どうしても所属する金融機関の金融商品を勧めるケースが多くなります。できれば、複数の金融機関のファイナンシャルプランナーに同じ条件で相談してみて、提案された商品の内容やポートフォリオの構成を比較してみるといいのではないでしょうか。いずれにしても銀行の定期預金に頼った資産管理からは可及的速やかに脱出しましょう。

STEP 2 海外の金融商品のウェイトを増やしておこう

ポートフォリオの内訳は、主に国内の株式、国内の債券、海外の株式、海外の債券、それ以外の金融商品、銀行預金・現金の6つに分類できます。

銀行預金は資産運用での分類は現金と同じ分類になりますが、日本人のポートフォリオはこの現金の占める部分が異常に大きく、海外の株式や債券が非常に少ない、という特徴があります。しかし、これまで述べてきたように日本経済にはさまざまな不安があり、円の資産価値が下がる可能性があります。できれば海外の金融商品にも資産を避難させておきたいものです。

海外の金融商品と言っても、別に海外の銀行に口座を開いて、そこに資産を移す必要はありません。たとえば、アメリカの成長企業や、欧米などの債券に投資できる投資信託を選ぶという手もあります。海外の金融商品を選択する場合に注意すべきポイント、投資先の選び方についてごく簡単に紹介しましょう。

①海外の成長地域に投資する

いま世界的な景気後退（リセッション）が問題になっているため、「成長地域」といっても選択がなかなか難しい部分がありますが、5～10年という長期的な運用期間のことを考えれば、アメリカや欧州、あるいは中国というよりも、これから高い成長率が望める地域に投資するのがいいかもしれません。

ベトナムやインドネシア、タイといったアセアン諸国、旧ソ連邦から独立したアゼルバイジャン、ウズベキスタンといった地域や、戦争さえなければアフリカや中東地区、中南米地区もいいでしょう。ただトランプ大統領の在任中は、地政学リスクの高い地域は避けたほうが無難かもしれません。

具体的には、投資信託やETF（上場型投資信託）、ヘッジファンドといった金融商品を利用してみましょう。ETFは株式と同じように、証券会社を通して購入することができます。指数に連動したインデックスファンドなので、信託報酬も安く、売買手数料もネット証券なら数百円程度で済み、リアルタイムで売買できます。

たとえばiシェアーズ・コアMSCI新興国株ファンド（株式コード1658）という商品は、ロシア、中国、インド、サウジアラビア、ブラジル、メキシコ、タイ、マレーシア、インドネシアなどに分散投資するもので、地政学リスクが高まって、世界中の株価が暴落したときなどはチャンスです。

【ETFの銘柄例】※ベンチマークとは指標なる指数のこと

■上場インデックスファンド海外新興国株式

（ベンチマーク：MSCIエマージング・マーケットインデックス　コード1681）

■NEXT FUNDS インド株式ETF
（ベンチマーク：Nifty50指数　コード1678）
■iシェアーズコアMSCI先進国株（日本を除く）ETF
（ベンチマーク：MSCIコクサイ　コード1657）

②国内外の成長業界に投資する

地域以外の選択肢としては、たとえば「GAFA（Google、Amazon、Facebook、Apple）」といったIT先進企業に投資する方法が注目されます。ただ、フェイスブックやアップルといった企業が、今後も安定的な成長を続けていけるのかどうかは不透明です。むしろアマゾンや、グーグルを傘下に置くアルファベット（グーグルの持株会社）などは、今後も成長が望めるかもしれません。

一般的には大企業・優良企業のほうが「安全」ですが、トヨタ自動車とか日産自動車など日本を代表する優良企業も、電気自動車への移行や自動運転の技術革新など、第4次産業革命の真っただ中にあり、銘柄の選択は非常に難しくなります。そういう場合には、個々の銘柄に投資するより「成長産業」全体にする投資する投資信託やETFがお勧めできます。それぞれ、投資先の企業による特徴があります。

【AI関連、IoT関連業界、フィンテック関連】

人工知能やアイオーティー、フィンテック関連の業界は、これからの新しい時代の主役を担う企業群と言っていいでしょう。

■ダイワ・グローバルIoT関連株FｰAI新時代

（投資信託、運用：大和証券投資信託委託）

■グローバル・フィンテック株式ファンド

（投資信託、運用：日興アセットマネジメント）

【ロボティクス産業関連】

世界のロボティックス関連企業集めて投資したファンドもいくつか出ています。

■iシェアーズオートメーション&ロボットETF

（国内ＥＴＦ、上場取引所：東京証券取引所　コード２５２２）

■グローバル・ロボティックス株式ファンド

（投資信託、運用：日興アセットマネジメント）

■ロボ・グローバル・ロボティクス&オートメーション・インデックスETF

（海外ＥＴＦ、上場取引所：ＮＹＳＥ　Ａｒｃａ　ティッカー・ＲＯＢＯ）

※ティッカーとは米国株式銘柄名の略称で、日本の銘柄コードにあたる

【電気自動車、自動運転技術関連】

電気自動車や自動運転技術など、自動車いま大きな岐路に立っています。これらの自動車新時代関連の銘柄に投資するＥＴＦや投資信託です。

■新世代自動車株式ファンド・愛称「自動車革命」

（投資信託、運用：三井住友ＤＳアセットマネジメント）

■iTrustエコイノベーション

（投資信託、運用：ピクテ投信投資顧問）

【5G関連】

次世代型通信である5Gは、日本が大きく後れを取った分野ですが、日本を含む世界各国に投資可能な投資信託やETFが出ています。

■次世代通信関連　世界株式戦略ファンド・愛称「THE 5G」（投資信託、運用：三井住友トラスト・アセットマネジメント）

③FXで超円安をヘッジ（回避）する

海外に資産を分散する場合に覚えておきたいのは、為替ヘッジの方法を知っておくことです。FXは超円高、超円安から資産を守る機能があります。

外貨建ての金融商品を保有している時に超円高になっても、損失を一定内に抑えること、また円建ての金融商品を持っていた時に超円安による目減りを一定内に抑えるのが為替ヘッジです。具体的には、FXを使って為替ヘッジをする方法が一般的です。

これまでの超円高は東日本大震災直後の1ドル76円25銭や、阪神・淡路大震災直後の79円75銭です。日本に「何か」が起こると円高が進行します。

逆に２００２年には１ドル１３２円78銭まで円安が進行。アベノミクス以降では２０１５年に１ドル１２０円を超えました。黒田東彦日本銀行総裁が１ドル１２５円を「円安の限界」とコメントしたため、１２５円を超える円安にはなりませんでした。これを「黒田ブロック」と言いますが、いつまで通用するかはまったく不透明です。

円高になるにせよ、円安になるにせよ、何らかの形で資産が目減りしないように守っていく必要があります。円高は、円の価値が高くなることを意味しますから、国内の金融商品に預けてある金融商品は輸入物価の低下などでデフレになります。

よほどのことがない限り、急激な円安になることはないと考えられますが、５年、10年という歳月には緩やかな円安が進行することは十分に考えられます。10年後１ドル１８０円ぐらいになっている可能性もあるでしょう。

こうした超円安に対応するには、ＦＸなどの為替専用取引を使ってレバレッジをかけて価格変動を回避するのも効果的と言えます。ＦＸとは「外国為替証拠金取引」のことで、「証拠金」を業者に委託して、差金決済による通貨の売買を行う取引のことです。

現在は、証拠金の25倍までレバレッジをかけることができます。レバレッジとは「てこの原理」のことで少ない資金で多額の投資ができる資産運用のスキルの一種です。

極端なケースで言えば、1000万円の資産をFXを使って為替変動から守るためには、40万円の資金をFXに投資して外貨を買っておけばいいわけです。1ドル110円の時に40万円で限度いっぱい（25倍）の9万910米ドルを買っておけば、仮に1ドル200円になっても、理論上はFXで818万1900円の利益が出ることになります。円安で低下した円の価値をカバーしてくれるはずです。

ただしFXは、あくまでも差益決済ですからリスクの高い取引といえます。何か大きな変動があれば「強制的な手仕舞い（ロスカット）」を余儀なくされ、大きな損失を出す可能性が十分にあります。

レバレッジをかけるのはかなり怖いことですが、FXを使ってレバレッジをかけず、現物と同じような割合で投資する方法もあります。一種のリスク回避方法ですが、リアルタイムで対応できるFXを使う価値はあります。

たとえば、1000万円の資産がある人は100万円程度をFXに投資して、レバレッジをかけずに1ドル110円の時に100万円分の米ドルを買っておくことで、ある程度のリスク回避はできるはずです。１ドル１１０円ならば９０９０ドルになります。

　この１ドル１１０円のレートが、５年後、10年後に１ドル２００円になっていた場合、１００万円が１８１万８０００円になります。81万８０００円の利益が出るわけですから、そうなれば、インフレ分は解消できるということです。

STEP 3　金や仮想通貨など金融マーケットの動きに連動しない商品を増やす

　たとえば「金」です。米中貿易戦争やイランとの地政学リスクとの高まりによって、最近の金融マーケットでは金価格の上昇が目立っています。一時期１トロイオンス＝１４００米ドルの壁を抜け切れずに低迷しましたが、２０１９年前半以降１５００ドル前後で推移するようになりました。

　トランプ政権の外交や経済政策に対するリスクの高まりを見た投資家が、混乱している世界情勢を見て金をリスクヘッジのひとつとして意識し始めたということでしょう。

米国のシティグループは、「金価格は2021年中には2000ドルを超えるのではないか」という見通しを発表しました。

金というのは、保有しているだけでは1銭の利息も、配当もつきませんが、地政学リスクの高まりや急激なインフレに強い金融資産として、リスク回避の金融商品として高い信頼性があります。

金投資が幅広く支持される背景には、株式や金利の動きなどに同調せず「逆の動きをするマーケット」として知られているからです。株価が暴落している時には金は買われ、金利が急激に高まって債券価格が暴落した時にも、金は買われることが多い商品と考えていいでしょう。

ただし、日本で金を買うことには若干のリスクがあります。というのも、現在のマーケットの安全資産として考えられているのは「金」と「円」だと言われていますが、米国の投資銀行ゴールドマン・サックスは、2019年7月2日に顧客向けリポートで、リスク回避の安全資産として選択するのであれば、「金よりも日本円」を推奨し、話題になりました。伝統的に日本円は安全資産としてみなされてきましたが、現在の金価格

過去5年間の金相場(国際価格／ドル建て)

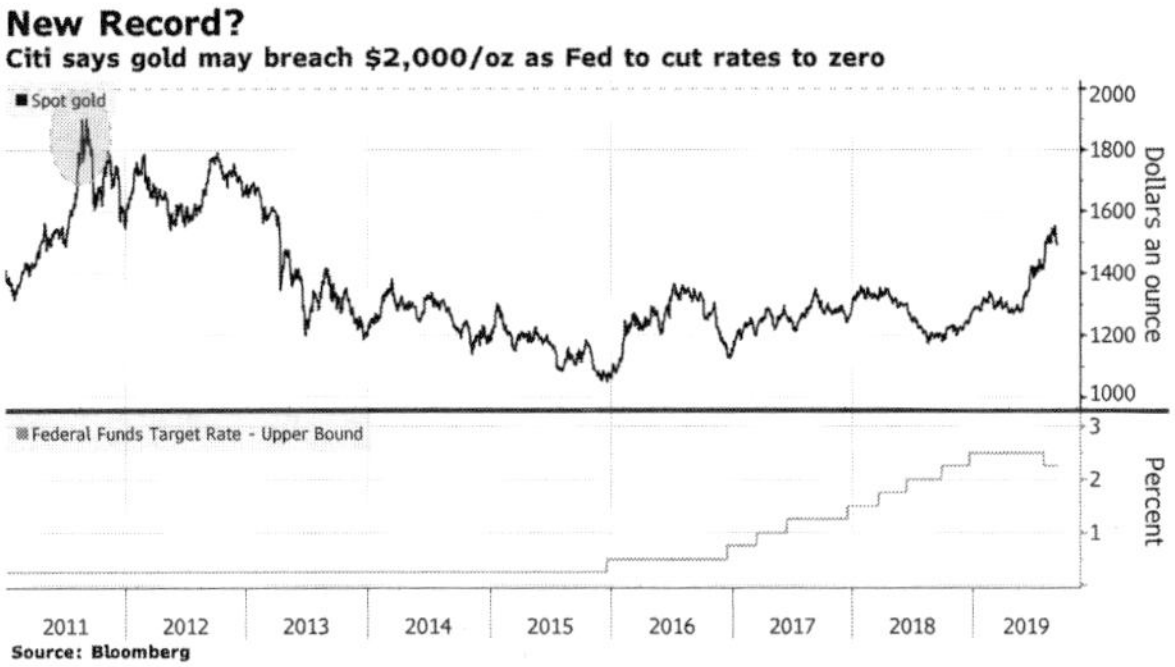

※ブルームバーグ（2019年9月10日）ウェブサイトより
※上のグラフが金相場、下のグラフはFRBの政策金利（フェデラル・ファンド金利）

は相対的に割高になっており、金よりも円を選択した方が合理的だという考え方を示したのです。金を買う権利（コールオプション）が、円を買う権利のコールオプション価格よりも相対的に高くなっている、というのが推奨理由です。

実際に、金価格が高騰する時には円も買われます。つまり円高が進むわけで、日本国内の金価格というのは、金の国際価格とドル円相場のレートによって決まるため、金価格が上昇しても円も高くなれば、円ベースで金を考えていると金価格はそれほど上昇しないことになります。

そこでお勧めは、円ベースで金を考える

のではなく国際価格で考えること。そして、できれば金の「現物」も一部持っているほうがいいかもしれません。金は1キロバーとかグラム単位でバー（延べ板）などがあります。ちなみに２０１９年10月25日時点で、１グラム当たりの地金小売価格は５７９５円（田中貴金属工業）です。

大きな塊よりも小分けして持っているほうが、いざという時には小口で売りやすく役立つかもしれません。さらに、金を「コイン」という形で持つ方法もあります。純金製の金コインも数多くあり、それらを資産防衛を兼ねて少しずつ買いためていくのも悪くないのではないでしょうか。

かつて、金は「金本位制」として貨幣の価値を裏付けるものでした。それが現在でも「有事の金買い」として、経済危機や戦争のときには金が買われます。しかし、リーマンショックの時には、その経済危機の全容がわかるまでは、他の貴金属や金融商品と一緒に暴落してしまいました。そんなことから、一時的に「有事の金買い」は幻想かもしれないという指摘もありました。

しかしながら、現在ではリーマンショック時の金の下落は、いわゆるプロの投資家である機関投資家が扱っている金取引には、レバレッジを利かせた「先物ポジション」が多く、そのポジションの手仕舞いのために一斉に売りが出たものとされており、やはり、「金は有事に強い」と考えていいと思います。

ただし、金価格が安い時にはコツコツと買ってもいいのですが、現在のように金が高止まりしている状況ではなかなか割安な金は購入できません。そんな時は高い金をわざわざ買う必要はなく、金が安くなる時期を見計らって、ある程度まとめ買いをしておくといいのではないでしょうか。

以前私の本を読んでくれた方から「退職金の３分の１を金にしたいのだが大丈夫でしょうか」という問い合わせがありました。私は即座に「やめておきなさい」と返事をしました。確かに、一般的に金購入の目安は全資産の５～30％程度と言われていますが、金を全資産の30％にまで投資できる人は、よほどの資産家で30％の金をすべて失っても、残りの70％で裕福な暮らしを続けられる人に限った話です。

金のように利息も何もつかない金融商品は、普通の人はどんなに多くても10％以下です。たとえば２０００万円を老後のために取っておきたい人は、せいぜい１００万円から200万円を限度に金を貯めておく、そんなイメージでいいと思います。

ちなみに金は超円安になれば、大きな威力を発揮します。少々のインフレにも強いでしょう。インフレがどんどん加速していくようであれば、その時になってポートフォリオ内の金のシェアも増やしていけばいいと思います。

また定年退職した後、続けて資産運用をしていきたいという人は、ポートフォリオの一部に金も組み込んでおけば、超円安やインフレのリスクヘッジになると思います。積立商品としては「純金積立」が有名ですが、手数料が高いので要注意です。

ETFで金を買っていくという方法もあります。その場合は、現物と交換できるETFがいいかもしれません。ただし現在国内のETFで現物と交換できるのは先の銘柄のみ。海外ETFでは「SPDRゴールドシェア（GLD）」などがありますが、めんどうなのであまりお勧めはできません。

■純金上場信託・現物国内保管型・愛称「金の果実」
（国内ETF、上場取引所：東京証券取引所　コード1540）

STEP 4 金融マーケットの暴落に強い金融商品に投資する

最近では市場が暴落すると逆に価格が上がる金融商品もいくつかあります。とりわけＥＴＦにはそうした商品が揃っています。

いわば暴落に強い金融商品ですが、わずかな金額でも構わないのでこうした暴落に強い商品に投資しておくのもいいでしょう。具体的には「インバース（逆張り）」と呼ばれるＥＴＦですが、インバースＥＴＦを使ってリスクを回避する投資法です。

【国内市場に上場されているインバース関連ＥＴＦ】

まずは国内で上場されているインバースＥＴＦを紹介しましょう。

■ＮＥＸＴ ＦＵＮＤＳ 日経ダブルインバース・上場投信

（国内ＥＴＦ、上場取引所：東京証券取引所　コード１３５７）

日経平均の動きに対して反対に2倍動くETF。日経平均が5%下がれば、ダブルインバースは10%上昇するETFです。ただし、株価が5%上昇すれば、ETFは10%下落します。

【海外市場に上場されているインバース関連ETF】

最近は海外市場に上場されているETFも売買可能な証券会社がいくつかあります。楽天証券やマネックス証券、SBI証券などのネット証券は手数料も格安で便利です。

■Direxion デイリーS&P500 ベア3倍型ETF

(上場取引所:NYSE Arca ティッカー・SPXS)

米国の株式市場でよく使われる指標、S&P500が下落すると、その3倍上昇する「ベア型ETF」です。

■Direxion デイリー20年超米国債ベア3倍ETF

(上場取引所:NYSE Arca ティッカー・TMV)

米国の20年米国債指数の値動きの反対方向に３００％動くＥＴＦです。超長期の米国債の価格が下落するということは金融緩和を意味します。金融緩和は、景気後退への対応ですから、景気後退時に価格が上昇する金融商品に投資しておくのは、リスク回避のひとつです。

■Direxionデイリー金鉱株ベア3倍ETF
（上場取引所：ＮＹＳＥ Ａｒｃａ　ティッカー・ＤＵＳＴ）

ニューヨークの金価格が下落したときに3倍の価格で上昇するＥＴＦです。金価格が高過ぎると思ったら、買っても良いかもしれません。

【ETF以外のインバース型投資信託】

インバース型投資信託で、ＥＴＦ以外のものもいくつか上げておきます。ＥＴＮとは指標連動型証券のことで、信用力の高い金融機関が発行元となり、ＮＯＴＥ（債権）を発行・運用する商品。ＥＴＦ同様に売買ができます。

■NEXT NOTES NYダウ・ベア・ドルヘッジ ETN（コード2041）

ニューヨークダウ平均株価が下落すると利益が出るタイプです。日本円で、日本の株式市場でニューヨーク株が逆張りできる金融商品です。

■NEXT NOTES 日経・TOCOM 原油 ベアETN（コード2039）

原油価格が下落した時に価格が上がっていく仕組みの商品で、原油価格が上がっていくということは、世界的なインフレを意味し、逆に下落するときは、世界的な景気後退を意味します。日本は、世界の動向に左右されやすいため、こうしたタイプの商品に投資しておくのもリスク回避の方法の一つになります。

■日本債券ベアファンド（5倍型）

（投資信託、運用会社：T＆Dアセットマネジメント）

日本国債などの日本の債券価格が下落したときに価格が5倍上昇する投資信託です。日本国債が日銀に大量に買われるようになって以来、金利は下落し、債券価格は上昇してきました。しかし、それもそろそろ限界。このファンドは金利が上昇して、日本国債が売られれば5倍上昇します。純資産31億円と小さな投資信託ですが、設定は２０１３

年4月と長い運用期間です。

■楽天日本株トリプル・ベアⅣ

（投資信託、運用会社：楽天投信投資顧問）

日本株が下落すると3倍価格が上昇する投資信託です。「クジラ」とも呼ばれる公的資金が、日本の株価を支えてきましたがこれも限界です。日本株が下落すると価格が上がる投資信託です。純資産41億円の小さな投資信託です。設定日は２０１９年3月で比較的新しい商品です。

■日本トレンド・セレクト　リバース・トレンド・オープン

（投資信託、運用会社：日興アセットマネジメント）

日本株が下落すると価格が上昇する投資信託です。下落幅は1倍です。レバレッジがかかっていないので、安定的な運用に向いています。設定日は１９９５年1月17日。

STEP 5

不動産賃貸事業、仮想通貨など、インフレに勝てる資産運用を

老後資金の運用は「運用期間が長い」という最大の特徴があります。運用期間が長いということは、ある程度のインフレを覚悟しなければならないということ。日本はここ30年間ほとんどインフレがありませんでしたが、これは極めて異例なことです。超円安になるといった特殊な事情がなくても、日本経済がある程度順調に成長を続けるとすれば、インフレを覚悟しなければなりません。

ただ、対策は簡単とは言えません。通常では、不動産投資によるインカムゲイン（家賃収入）の獲得が効果的ですが、人口減少が進む現在、今後は不動産が供給過剰となり、不動産投資にもリスクが高まっています。アパートを建ててもちょっと立地が悪ければ入居者さえ集まらないでしょう。民泊やホテル経営などで、定期的な収入が確保できるビジネスとして収入を得るという方法もあります。いわゆる「日銭が入る商売」のほうが有効かもしれません。太平洋戦争直後の経済的混乱の中で、勝者となったのは価格が

暴落したホテルなどを買いまくった人だったと言われています。紙幣は役に立たなかったわけです。

では、価値の変わらない不変的な財産とは一体何でしょうか。先ほど紹介した金もそのひとつですが、都市部の商業地「土地」もその一つと言えます。定期的な家賃収入が入ってくるビルを建てることも可能です。ハイパーインフレ時などはバーター（交換）という方法が通用するケースもあります。

あえてリスクのある建物は建てず、土地だけを保有しているという方法で、固定資産税はかかりますが、そのコストはやむを得ない、とする考え方です。

最近注目を集めているのがビットコインなどの仮想通貨です。仮想通貨も金融マーケットの投資商品とは異なる動きをする「オルタナティブ（代替）商品」の一種です。いまや仮想通貨は重要なビジネス取引の一つとして認知されつつあり、金融とＩＴが結びついたフィンテックにも不可欠な商品となっています。

仮想通貨といえばビットコインが有名ですが、最近はフェイスブックがリブラ（Ｒｉ

bra）を開発しました。通常の仮想通貨が裏付けのない単なる仮想のマネーであるのに対して、リブラは米ドルなどと連動させるタイプの仮想通貨となっており、革命的と注目されています。

リブラが正式に認可されるかどうかは微妙ですが、フェイスブックの利用者同士は銀行を通さずに、国境を越えたお金のやりとりができるため、正式に認可されればまさに革命的です。

ちなみにリブラは、実際に稼働するのは2020年後半とも言われています。もしリブラが現在の構想のまま、「1ドル＝1リブラ」といった形で実現するのであれば、資産の数％はリブラにしておいても面白いかもしれません。

ビットコインやイーサリアムといった仮想通貨は、急騰した2018年に比べると落ち着きましたが、それでも1ビットコイン当たり日本円で100万円の大台を超えており、その価格は定着しつつあります。

ビットコインは、米中貿易戦争が始まると本来は購入できないはずの中国人が大量に買い始めたとうわさされており、またその後の香港デモの過激化でもビットコインは高い人気を保っています。要するに国家体制が緩むような非常時になった時には、国外に資産を持ち出すという意味で、仮想通貨が買われるという現象が定着しつつあります。

これは、たとえ米ドルを現金で持っていたとしても、どんな事態が起こるかわからない状況では、ネット上で売買が行われている仮想通貨が安全資産として注目されていると考えていいでしょう。いわゆる「流動性」のある資産であれば、仮想通貨でも通貨として役立つわけです。言い換えれば、通貨の暴落に対応するためにビットコインが買われていると考えてもいいかもしれません。

通貨の崩壊はインフレを意味しますから、仮想通貨はインフレに強いと考えられます。ハイパーインフラで紙くずになるぐらいなら、その前に土地や金、仮想通貨などに替えておく方が賢いと言っていいでしょう。少し頭を柔らかくして、「現金オンリー」からは、できるだけ早く抜け出してほしいと思います。

STEP 6

ヘッジファンドを海外口座で運用する

最後は、ヘッジファンドを使う方法です。リスクを回避するファンドという意味で、資産防衛に向き、富裕層だけの世界と思われがちですが、最近は一般の庶民でも十分に活用できる商品が増えています。

ヘッジファンドの投資戦略の基本はいわゆるロングと呼ばれる「買い」と、ショートと呼ばれる「売り」を組み合わせ、市場が大きく価格変動しても影響を最低限に抑えようとする投資手法です。市場がどんな状況になってもプラスになる「絶対利益」を目指す投資戦略がヘッジファンドなのです。

ヘッジファンドの運用を担当するファンドマネージャーは、利益が出れば最大30％程度の運用手数料を手にしますが、利益が出なければ収入はゼロ。必死で利益を目指す仕組みであり、日本の、いわゆるサラリーマン的なファンドマネージャーとは異なります。自分の利益のためにも運用するのですから、本気度が違うということです。

最近は、日本のメガバンクでもヘッジファンドを紹介してくれるケースがありますが、「ヘッジファンド証券」や「スーパーファンド・ジャパン」など少ない金額でも投資ができるヘッジファンドが日本でも登場しています。

たとえば、スーパーファンド・ジャパンではインフレに強い金や銀の価格と連動させた商品も扱っており、インフレに対する資産防衛機能が高いのが特徴です。庶民でも投資可能なヘッジファンドは増加傾向で、「富裕層だけの特別な商品」というイメージは徐々に解消されつつあります。ただし、解約条件や制限などを十分確認した上で、資産の分散先として検討することをお勧めします。

香港などにあるシティバンクやＨＳＢＣ、日本ウェルス銀行といった海外の金融機関に口座を開設すれば、こうしたヘッジファンドへの投資が可能になります。英語が苦手な人は、日系の日本ウェルス銀行も検討してみてはどうでしょう。

ヘッジファンドの投資戦略は、投資の対象や手法などによって裁定取引型（株式マーケットニュートラル／転換社債アービトラージ／債券アービトラージ）、ディレクショナル型（株式ロングショート／グローバルマクロ／マネージドフューチャー）、運用特化型（マルチストラテジー／エマージングマーケット／イベントドリブン）などに分類されています。

第5章　貯金ゼロ！　何がなんでも公的年金だけで暮らす

公的年金をメインに生き抜く方法を考える

さて、この章では「今ある資産を守る」というよりも、ムダな支出を極力抑え、できる限り年金だけで生活するための方法を模索します。

「貯金ゼロ」の人はもちろん、ある程度貯蓄がある人もぜひ検討してください。現役時代には気にもとめず、当たり前のように払っていた出費を、この際に見直し、不要なものは切り捨て、もっと安い手段があるならそちらに切り替えましょう。毎月1万円支出を抑えることができれば、年間10万円、20年間で200万円もお金が残ることになります。

生活固定費引き下げ

——支出を見直しよけいな固定費は使わない

生活水準を現役時代よりも下げる、節約する、といったことは、年金以外にある程度余裕がある人でも、当然考えなくてはなりませんが、「とにかく夫婦20万円前後の年金だけでなんとか暮らしたい」となれば、大幅に水準を下げざるを得ないでしょう。

ただ問題は単純に生活水準を引き下げて節約する方法が、今後役に立つかどうかということです。これまで夫婦で30万円かかっていたところをあちこち節約し、年金範囲内の20万円に引き下げるだけで、本当にだいじょうぶなのか、考えておきましょう。

日本人が90歳まで生存する割合の年次推移を見ると、１９７５年には男性が５・４％、女性は12・０％でした（厚生労働省「簡易生命表の概況」２０１６年版より）。ところが２０１６年になると、男性25・６％、女性49・９％が存命。男性の４人に１人、女性の２人に１人が90歳まで生き残ることになります。65歳で定年退職したとしても、残り25年間は４人に１人の男性が、女性の半分は生き残ることになります。

その間、おそらく公的年金はほとんど値上がりしないでしょうから、いまの金額で生活を維持していかねばなりません。現在の物価水準そのものは25年前の１９９４年と比較してもあまり大きく変わりませんが、これからの25年も変わらないとは言えません。

これまでより節約しても、物価が上がれば支出が増える可能性もあります。

しかも、医療費などは年齢とともに上昇していくことになります。60代前半では年間

35万円程度ですみますが、70代前半では60万円程度、80代前半では90万円台、90代前半では110万円前後かかると言われています。（厚生労働省「平成27年度 国民医療費の概況」）。個人負担はこの1～2割ですが、25年後には5割負担になっている可能性も否定できません。医療費そのものも高くなっているかもしれません。現役時代より増える支出もある、ということを考慮しながら、今の生活から「削れる部分」を考えてみます。

【保険】必ず見直して必要ないものは解約する

まずは保険です。日本人ほど生命保険の好きな国民はいないと言われますが、60歳を過ぎたら保険の見直しをしましょう。現役時代、勧められて複数入っている保険の内容が重複している場合もあります。必要なものに絞ってまとめましょう。死ぬまで保険金が出ない「終身保険」に入っている人も多いと思いますが、できれば年齢とともに、また子供たちが巣立っていく年齢に合わせて保険金額を減額していくのが賢い方法です。

少なくとも、子供が独立もしくは結婚したケースでは、もう多額の保険は必要ありま

保険相談

ほけんの窓口

https://www.hokennomadoguchi.com

保険見直し本舗

https://www.hokepon.com

せんから、終身の死亡保険は数百万円程度に抑えて、逆に「医療保険」や「がん保険」を増やすなどの調整をすることが大切です。保険金額を減額すればするほど、毎月支払う保険料は減っていきますから、大きな節約になります。

ネットのみで販売している保険も検討してください。店舗・窓口がなく、保険外交員などの人件費がかからないぶん、掛け金がかなり安いものが増えています。

どうしていいかわからない場合は、「ほけんの窓口」「保険見直し本舗」などを訪れて、現在加入中の保険の内容確認などを手伝ってもらうといいかもしれません。相談は無料です。

ローン返済シミュレーション

ろうきん　住宅ローンシミュレーション

http://chuo.rokin.com/CGI/kariru/jsim_home.cgi

みずほ銀行　ローンシミュレーション

https://www.mizuhobank.co.jp/retail/products/loan/simulation/index.html

【住宅ローン】できる限り退職金で完済を

住宅ローンは、できるだけ退職金をもらった時点で完済してしまいましょう。退職金をもらった後も、引き続き働きながら、返済を続けていく人もいますが、住宅ローンは低金利とはいえ利息がつきます。仮に1%台や2%台であっても、利息がつくぶん、やはり無駄な出費です。できることなら一刻も早く返済してしまうのがいいと思います。

ただし、注意しなければいけないのは、繰り上げ返済には手数料がかかることです。あと数年で返済完了という人は、残債の利息よりも手数料の方が高くなってしまう場合がありますので注意しましょう。

借入金額や返済パターン、金利、期間によるローン利息、繰り上げ返済などはさまざまなホームページで概算シミュレーションができますので試算してみてください。その上で金融機関に直接相談してみてはどうでしょうか。

【借金】分割払い、リボ払いの買い物はしない

どんなタイプのものであれ、とにかく定年後「借金」はしないようにしましょう。借金には必ず利息がつきます。住宅ローン同様に、利息は預貯金の利息よりもはるかに高い水準にありますから肝に銘じておきましょう。

すでに借金があるという人は、退職金で即座に返しましょう。利息にかかる費用は割高です。とくに、銀行やクレジットカードのカードローンなどは、ＡＴＭで簡単に借金できますが、金利の高さは10～15％にも達します。テレビコマーシャルで「気軽に」「どこでも返済」「誰でも」などと、やたらにカードローンを勧めますが、そんなものを使ってはいけません。

ローンは立派な借金です。10万円を1年間借りれば、最高で1万５０００円の利息が

ついてしまいます。またクレジットカードのリボルビング払いも借金の一つです。この利息も非常に高いので要注意です。クレジットカードで買い物する時は、手数料（＝金利）のかからない一括払いを選択しましょう。リボルビング払いとは、クレジットカードで買った商品の返済額の合計を、たとえば「月に2万円まで」などと設定するもので、毎月あれこれカードで買い物をしても「毎月2万円のリボ払い」にしておけば、月々の支払いはそれ以上に増えません。「毎月2万ならだいじょうぶ」と思ったらとんでもありません。リボ払いは実質金利が年15％にも達するような借金です。これはクレジットカード会社にとってはドル箱のビジネスになっています。月々の支払いが安いということは、当然金利が高いということなのです。こんなことを続ければ、返済は何年たっても終わらず、利息もどんどんかさんでいくことになります。高齢者に限りませんが、リボ払いは安易に使わないこと。特に年金生活者の「リボ払い」などもってのほかです。

また、高齢者に多いのがテレビ通販の「分割払い」ですが、これも、立派な借金。借金の意識がない人も多いでしょうが、ちゃんと金利分が価格に乗せられています。

ともかく借金はなるべく早く完済し、買い物はカードの場合は一括払いでリボ払い・

分割払いはしない、深夜のテレビ通販は「買わない」のが一番安いのですが、どうしても買いたい場合は、一括払いにしましょう。一括払いで買えないものについては、購入そのものを考え直したほうがいいかもしれません。

【公共料金】電気料金が安くなる方法を考えて再契約する

電気とガスのセットプランにすると、料金が安くなるサービスがあるのはご存じでしょう。関東の電気ガスセットプランを提供しているのは「Ｌｏｏｏｐでんき」「東急パワーサプライ」「Ｊ：ＣＯＭ」「ニチガス」「東京ガス」「ＴＥＰＣＯ」「ＥＮＥＯＳでんき」「Ｈ・Ｉ・Ｓでんき」など。関西エリアでは「大阪ガス」「関西電力」「ジェイコム」「東邦ガス」「中部電力」「静岡ガス」などです。必ずしもセット割引がついているとは限りませんので要注意。

家庭にとって負担が大きいのはガスより電気ですから、まず電気代が安くなることをメインにシミュレーションしてみてください。比較サイトもあるので、まずサービス概要を調べ、該当する事業者のホームページで検討しましょう。シミュレーションは、毎月の電気使用量がわからないとできません。過去の使用明細などを、できれば1年分用意して試算してください。

大手電力会社以外のいわゆる新電力と都市ガスの組み合わせも検討に値します。新電力の場合、ガスとセットになっているものは少ないので、セットではなくそれぞれに契約することになりますが、それでも場合によっては「大手電力＋都市ガス」のセットよりも、合計が安くなることもあります。

あまり電気を使わない人は、家庭の契約アンペア数を下げて基本料金そのものを節約しましょう。東京電力、東北電力、中部電力、北陸電力、九州電力の管轄内であれば、契約アンペア数は10アンペアから60アンペアまでで、基本料金は２８６円（税込）から１７１６円までの幅があります。東京電力管内で現在50アンペア契約だったものを40アンペアに下げると年間３４３２円以上節約できます。

固定電話

解約すれば基本料金がなくなり、しかもセールス・詐欺電話もかかってこなくなる

固定電話を解約してしまう手もあります。NTTの一般電話は基本料金が月額1870円から。まったく通話をしなくても年額2万円以上かかります。しかも固定電話は遠距離通話料が割高。すでに携帯電話を使っているのであれば、固定電話の解約も検討しましょう。少し前までは固定電話の番号がないと「社会的信用度が低くなる」と言われたり、クレジットカード審査、住宅ローン審査などの際に不利だという話もありましたが、もはやそんなことはもうないと考えていいようです。20〜30代では固定電話を持っていない人が半数近くになっています。頻繁に電話がかかってくる相手にだけ固定電話を解約したことを伝え、固定電話しか伝えていない機関などには改めて携帯電話の番号を伝えればすみます。「固定電話はほとんど使っていない、かかってくるのはセールス電話ばかり」という人は検討しましょう。携帯料金のほうは通話料金、データ通信料の安い格安スマホを利用し、家族や知り合い同士の通話はラインなどの無料通話を使えば

大きな節約になります。高齢者を狙う詐欺電話もその9割以上が固定電話対象ですから、解約してしまえばこうしたリスクもなくなります。

自動車――カーシェア、サブスクを利用して支出を減らそう

利用頻度が少なく、車がなくても生活できる地域の人はマイカーを処分してしまうという選択肢もありますが「それほど頻度は多くないが、60代のうちはドライブを楽しみたい」という人は、必要な時だけ借りるレンタカー、1台の車を複数のメンバーで共有するカーシェアなどの手段も検討しましょう。最近話題になっているのはサブスクリプション型の利用です。カーリースの一種で「カースマ」（住友三井オートサービス）、「スマートドライブカーズ」（スマートドライブ）、「もろコミカーコンカーリース」（カーコンビニ倶楽部）、「NOREL」（ガリバー）、「KINTO」（トヨタ自動車）などが展開しています。それぞれサービス内容は違いますが、いずれも初期費用なしの「月額定額」で車に乗り放題（走行距離上限がある場合もある）。

定額料金には自動車税、重量税、自賠責保険、車検代も含まれます。ＪＡ共済の調査によると軽自動車の平均維持費は年間約20万円（車のローン、ガソリン代、駐車場代含まず）で、月額約１万３０００円です。しかし、たとえば「定額ニコノリパック」（株式会社ミック）だと、５年契約で月額１万円から利用でき、車の代金は不要ですから月額の負担は軽くなります。

特に車の買い替え予定がある人にはお勧めできるサービスのひとつでしょう。プリウスＳツーリングセレクションの新車を５年契約で借りる場合「オリックスいまのりくん」だと月額約５万５０００円（支払総額約３２０万円）です。「踏み間違え防止機能つき」「自動ブレーキ」などの機能を搭載した車も増えています。

契約期間は各社に違いがあり、１年から利用できるもの、一定期間経過後車の乗り換えができるものなどもあります。途中解約ができないケースも多いのでよく調べてからの利用を。車の利用頻度、現在の維持費、あと何年運転する予定か、などを考えた上で、節約できるサービスを選びましょう。使い方次第ではレンタカーが一番お得です。

海外移住

夢のような生活を期待しない

定年退職を迎えた後、海外に移住する人が一定数に上ることが知られています。私も、数多くの国で移住した日本人を取材してきましたが、うらやましいくらいに生き生きと暮らしている人、逆に打ちひしがれて生活に疲れ切っている人など、その暮らしぶりはさまざまです。

リタイア後の海外移住というと1986年に通産省（当時）が提唱した「シルバーコロンビア計画」を思い出す人も多いでしょう。この計画そのものは結局「構想」だけで終わりましたが、その後も「強い円」を背景に、日本を脱出するリタイア世代は増えていきました。

ただ、海外移住といっても、日本の家・財産をすべて整理して完全に移住するのではなく、日本に家を残したまま、海外にも拠点を作る「ロングステイ」（長期滞在）という形が増えました。日本が寒い季節だけ暖かい国で過ごす、または日本の猛暑を避けて、夏は涼しい国で暮らす、という形です。

海外でリタイア後の人生を送るメリットは2つ。

まず、日本より物価の安い国に住むことで、同じ生活費でも豊かな生活が送れるということです。かつては「タイなら月に4万円もあれば、プール付き、メイド付きのマンションで優雅な生活を送れる」とも言われていました。

しかしタイの消費者物価指数も1990年を100とすると、2013年にはすでに200（バーツ換算）を超え、現在は250ほど。かつては月4万円で暮らせたところが、最近は10万円かかるということになりますが、それでもタイの物価は今も日本の3分の1程度です。

バンコクなどには移住した日本人たちの「日本村」とも言うべきコミュニティーがあり、日本人同士で密接なコミュニケーションを取っています。そうした付き合いの中で暮らしていると、レストランで高額な食事をしたり、日本食の食材を扱う高級スーパーマーケットで買い物をしたりすることになって生活水準が上がり、物価の安さのメリットをあまり受けられない、という声もよく聞きます。ここ20年のタイの急激な経済成長、物価上昇は移住者にとっては大きな誤算だったかもしれません。

フィリピンやベトナムはタイよりもさらに物価が安く、ロングステイをエンジョイできる国として知られています。

２０１８年に「ロングステイ財団」が調べた「ロングステイ希望国・地域」は1位マレーシア、2位タイ、3位ハワイ、4位フィリピン、5位オーストラリアとなっています。

マレーシアは以前から移住先として人気の高い国で、レンタルアパートなどの住環境が整備されていて、さらに「外国人でも土地が買える」というメリットがあります。

マレーシアの食事は日本人の口にも合い、屋台がたくさん集まったモールなどに行けば、安くおいしい料理が食べられます。治安も、日本ほどではありませんが良好です。

マレーシアも年3％以上、消費者物価指数が上昇しているものの、生活実感としてはこちらもタイ同様「物価は日本の3分の1くらい」ということです。ただ、バンコクは

ロングステイ財団
http://www.longstay.or.jp

交通インフラがきめ細かく、ほとんど市内で交通費がかかりませんが、クアラルンプールには公共交通機関が少なく、しかも混雑するため、タクシー移動が増えるぶん、交通費がかさむといいます。

「リタイアメントビザ」を取りやすいということも人気の一要因です。マレーシアには「ＭＭ２Ｈビザ（マレーシア・マイ・セカンド・ホーム・ビザ）」という10年間有効なリタイアメントビザがあり、これはほぼ永住ビザに近い内容です。

ただし、近年は取得条件が厳しくなりつつあります。取得条件は申請時の年齢が50歳以上で、退職年金生活に入っている場合は、35万リンギット（日本円で約９１７万円、１ＲＭ＝26・２円／２０１９年11月５日現在）以上の預貯金、または有価証券の「財産証明書」、さらに申請時からさかのぼって３カ月間の残高証明書を提出しなければなりません。月額１万リンギット（約26万円）の「収入証明書」も必要になります。公的年金でこれだけの収入を確保するのは、かなりたいへんです。

加えて、マレーシアの国内銀行に15万リンギット（約３９３万円）以上の定期預金も必要になります。要するに、ある程度のお金がないと「ＭＭ２Ｈビザ」は取得できないと考えたほうがいいということです。

とはいえ、ビザを取得してしまえば10年間は出入国自由で、自動車免許取得も可能、マレーシア国内で不動産を購入することもできます。マレーシア国内の銀行に口座を開設しローンを組むこともできます。結局「貯金ゼロ、収入は年金月額20万円だけ」では、マレーシア移住は難しいということです。

さらにオーストラリアとなると、リタイアメントビザを取るだけで８０００万円程度の財産が必要です。

ある程度社会インフラの発達した地域への海外移住は、経済面だけで考えると割に合うとは言えず、やはりお金に余裕のある人でなければ選択できない方法と言っていいでしょう。

海外移住は「安く暮らせる可能性が高い」というメリットはありますが、必ず大きなリスクがともないます。間違ってもいきなり家を売り払って飛行機に飛び乗るような移住はせず、ロングステイ財団も提唱しているように、いざというときには帰れる場所を日本にもつくって、海外生活を楽しむのが正しい選択ではないでしょうか。

もう20代の若者ではないのです。がんなどの病気になる、認知症になる、介護が必要な状態になる可能性も高いのですから、そうした場合の備えは何より大切です。

タイの病院はレベルが高く、歯科矯正や人間ドックなどは日本より安い場合もあることから「メディカル・ツーリズム」として治療目的の旅行をする人も多いため、「すべて安い」「日本語も通じるだろう」と思うかもしれませんが、そうとは限りません。住所を日本に残しているかどうか、どんな保険に入っているのかでも違いはありますが、支払い能力がないと診療をそもそも受け付けてくれないケースもあります。とくに高齢者は、病気になったらどうするのか、をまず最初に考えておくべきです。

また、経済的に余裕があったとしても、高齢になってからの海外生活は、肉体的にも心理的にも大きな負担がかかる場合があります。夫婦で移住する場合は、どちらかの意見で強引に話を進めないことが何より大切です。海外赴任生活が長かった、夫婦とも語学が堪能、しばしば旅行に行った土地で様子がよくわかっている、現地にも友人がたくさんいる、という場合は安心でしょうが、それ以外の場合は慎重になるべきでしょう。

いざ移住してみたら夫のほうは元気いっぱいで好きなゴルフ三昧でも、妻のほうが近所付き合いができずうつ状態になってしまった、などの例はしばしば聞きます。

まずインターネットで情報を十分に調べ、さらにロングステイ財団などにも相談し、ロングステイ先に何度か1カ月程度滞在してみる、などの慎重な準備をしてください。十分な準備をした上での移住・ロングステイであれば、楽しみながら今の年金だけで、日本以上に充実した生活をしていくことも可能になるでしょう。

国内移住――田舎でのんびりと割安に暮らす

次は国内で移住する方法です。

たとえば、東京に住んでいた人がリタイア後田舎に帰る、あるいは、長い間住んでみたいと思っていた場所に引っ越す、ということです。その多くは大都市圏から地方への移住で、とくに最近は若い世代が幼い子どもを連れて家族で都会を離れ、地方に移住するケースも増えています。

海外移住ほどのリスクは少ないものの、国内移住にもメリット、デメリットがあります。まずメリットから見てみましょう。

地方移住のメリット

メリット①▼物価が安い

まず、家賃や食料品などの物価が地方は都会に比べて安いこと。

物価水準が一番高いのは言うまでもなく東京都です。全国平均を100とする消費者物価指数（2018年）を比較すると、東京都は104・4。安いほうから順に、宮崎県96・0、鹿児島県96・1、群馬県96・3、福岡県96・6となっています。かつては沖縄県がダントツの安さでしたが、今は98・5と決して安いほうではありません。

沖縄の物価は「高い」と言われる時と「安い」と言われる時がありますが、これは、県外（内地）から届けられるものと、県内で生産されるものの価格差が大きいためです。とくに離島となると、魚はタダ同然で手に入っても、その他の生活必需品はすべて県外から沖縄本島経由で輸送されてくるため、本島よりもさらに高くなります。

空き家情報サイトの例

空き家ゲートウェイ

https://akiya-gateway.com/vacant-house/

空き家情報／JOIN　ニッポン移住・交流ナビ

https://www.iju-join.jp/akiyabank/

都市別で比較すると、物価指数が日本一安いのは前橋市の95・９、日本一高いのは川崎市の１０５・４で、10ポイント近い開きがあります。

また家賃を除いた消費者物価指数では、神奈川県が東京よりも高く１０３・４、逆に最も安いのが鹿児島県の96・７で、約７ポイントの差があります。

人口が減少していけば、今後地域の賃貸物件、農地なども安くなっていくはずですが、水道光熱費などの社会インフラ関係のコストは高くなっていく可能性があります。

空き家を活用して、移住者を招こうとする自治体も多くなっており、住まいを安く手に入れることは比較的たやすくなってきています。

全国の空家物件検索サイト「空き家ゲートウェイ」

には「１００均物件」というコーナーがあり、日本全国の土地付き一戸建てを１００円もしくは１００万円で販売しています。その気になれば、１００円で夢がかなうかもしれません。

たとえば、鳥取市にある木造・築57年の６ＬＤＫ、土地面積は７３３㎡の物件も１００円で販売されていました（２０１９年11月現在）。鳥取駅から車で15分、鳥取砂丘までは20分。地図で見てみると、鳥取西ＩＣからは数キロの場所で、周囲は田んぼと森が広がり、大きな池と、川に挟まれた地域でした。

自治体による移住支援があれば積極的に利用しましょう。ただし、残念ながらどの自治体も若者を中心に移住促進プログラム、支援制度などを整えており、高齢者向けのものは限られています。

「ニッポン移住・交流ナビ」は移住情報、支援制度情報、空き家情報、求人情報などが充実していますが、ここで探しても、シニア向けのものがなかなか見つかりません。とはいえ、シニア限定ではなくても「一般的」な支援は利用できるものがありますので、根気よく調べてみてください。

メリット②▼自然が豊かで食事がうまい

地方暮らしのメリットで最も大きいのがやはり自然の豊かさです。美しい風景や静かな田園風景に囲まれて老後を過ごすことは都会では決して味わえない幸福のひとつでしょう。旬の食材を味わい、美しい自然の中でのトレッキングやウォーキングを楽しめることは、言うまでもなく地方移住の大きなメリットです。

さらに田舎の場合、隣近所から山のように野菜や果物のおすそわけをいただけることも。近隣との付き合いを楽しめ、地域コミュニティーに溶け込むことができれば、季節ごとに新鮮な野菜が大量に入手できるので、家計の面でもメリットが大きいと考えていいでしょう。

地域とうまく付き合うには、当然ながらお祭りをはじめとするイベント、共同作業には欠かさず参加し、それを楽しみ、できる限り地域にも貢献しようという気持ちが大事です。

メリット③▼人間関係をリセットできる

サラリーマン生活が長いと、古い人間関係をいつまでも引きずることにもなりがちです。地方に引っ越してしまえば、こうした関係はあっさり解消できます。「地方に移住して、何よりもこれがよかった」と言う友人もいます。

メリット④▼自給自足が可能になる

引っ越し先にもよりますが、地方では農耕地が嫌というほどあまっていますから、農地を借り受けて、自家製の野菜や穀物を作り「自給自足」をすることが可能になってきます。

マンションのベランダで朝顔しか育てたことがない、という人だと、当然最初から「自給自足」は不可能ですから、本気で取り組みたいのなら、まず何を育てればいいか、どうやって育てるのか、肥料は、害虫対策は、天候への対策は、などを勉強するところから始める必要がありますす。実家が農家で多少は見当がつくという場合も、その土地に合わせた作物、栽培方法などは現地で勉強すべきです。

山梨県農業振興公社・
就農支援センター
http://www.y-nk.jp/agri_works/

どこの自治体にも「就農」支援の制度はあります。やはり若い世代向けが多いものの、「就農支援　シニア」で検索すると、たとえば山梨県の場合は「シニア世代就農促進事業」があり、50代以上の人向けのセミナーやツアー、果樹・野菜栽培の研修などを行っています。

しかし定年後に農業を本格的に始めて成功している（黒字になっている）例は少なく、3年以内に健康上の理由などで断念していると言いますから、まずは家庭菜園が妥当なところでしょう。

わざわざ農地を借りなくても、広い庭付きの一戸建てに住めば、庭でプチ農業を楽しむことが可能になります。果物の木を植えて、その果実を毎年味わうこともできるかもしれません。先ほど紹介した100均物件も、その多くが広い庭付きでした。

実際、知り合いに長野県の田舎に古民家を買って移り住んだ人がいます。古民家に住んで農業もしたいと考え、農地もセットで借りられるように手配したそうです。古民家は築100年以上の藁葺き屋根の物件で200万円でしたが、リフォームに200万円ほどかかり、約400万円で購入できました。

古民家の周辺には農地が広がっており、引っ越した当初は荒れ放題だったそうですが、少しずつ整備してさまざまな作物が採れるようになったと言います。販売するのが目的ではなく、あくまでも自分が食べるためのものを作り、「ある程度の自給自足」を目指したいと思ったそうですが「でも、自給自足というのは思ったよりも大変だよ」と話してくれました。

農作物は短期間で大量に収穫できるものが多いのですが、種類によっては実質2週間程度の収穫期間だけで終わりになってしまうものもあります。昔の人は大量に収穫した作物を漬物にしたり乾燥させたりして、保存食として長持ちさせました。そうしなければせっかく収穫した作物を全部廃棄することになるからです。しかし保存用に加工するためには多くの手間と時間がかかります。通年自給自足をするためには、保存食を作る知識も必要になってくるわけです。

また、畑というのは単純に種をまけば収穫できるものではなく、当然肥料が必要になります。鶏糞、油カス、化成肥料、消石灰などの使い分けはもちろん、害虫との戦いもあります。農薬や虫よけネットの購入代金もかかります。最近では、イノシシやサルといった害獣対策も必要になり、売るための作物ではなくてもコストはどんどんかさんできます。

さらに無農薬、有機栽培で自給自足をしたいという人は、化学肥料を使わずに肥料も自分で作る気構えが必要になります。虫も1匹1匹、箸でつまんで駆除する必要があるのですから、強い信念がないと続けるのは無理でしょう。

それでもある程度自給自足ができるようになれば、家計はかなり助かります。そもそも自給自足可能な地域なら、近くに飲食店も娯楽施設もないでしょうから、よけいな出費もなくなります。

手始めに「移住体験ができる宿」に泊まったり、自治会の「農業体験イベント」に参加することから始めてはどうでしょう。ネットで「田舎暮らし体験」を検索してみてください。

地方移住のデメリット

デメリット①▼車が不可欠、移動費が高い

人里離れた地域で暮らす場合、まず車が不可欠になります。駐車場代は都会に比べれば非常に安いか、場合によってはかかりませんが、保険、税金、車検、ガソリン代は田舎も都会も同じです。遠出をすれば高速料金もかかります。年金暮らしになった時、自動車の購入費や維持費はかなり大きな比重を占めると思っていいでしょう。

地方に移住してからも、子供や孫の家をしばしば訪ねたいとなると、遠方なら交通費も大きくなります。

デメリット②▼医療機関や公共施設、商業施設が近所にない

国内の移住であっても、近くに医療機関があるかどうかは、引っ越す際の重要ポイントです。最寄りの医療施設まで車で１時間以上かかる、ということになると、通院の交通費や手間は大きな負担になります。バスは２時間に１本、タクシーは町に数台しかない、ということも珍しくはありません。車があっても、夫しか免許を持っていない場合だと、病気の夫を送ってくれる人がいないという事態も起こり得ます。

また市役所や税務署などの公的機関が近所にない場合も何かと不便です。

デメリット③▼人間関係が濃過ぎて煩わしい

田舎に移り住むと隣近所の人との付き合いが非常に煩わしくなる場合もあります。全部が全部とは言いませんが、田舎の人は全員親切で純朴だなどというのは大きな間違いです。移住してきた人には何かと「上から目線」で、親切にいろいろと教えるふりをしながら、プライバシーにズカズカと入ってくる人もけっこう多いのです。都会なら遠慮するようなことをズケズケ聞いたり、やたらに家に上がり込みたがる、という傾向もあります。いきなり引っ越しをするのではなく、必ず「お試し滞在」はしてみるべきです。

ちなみに、宝島社の雑誌「田舎暮らしの本」が、毎年発表している住みたい田舎ベストランキングによると、２０１９年版「シニア世代が住みたい田舎部門」では次のような結果になっています。

「大きな町（人口10万人以上）」ランキング
●第1位……北九州市（福岡県）
●第2位……酒田市（山形県）
●第3位……栃木市（栃木県）

「小さな町（人口10万人未満）」ランキング
●第1位……臼杵市（大分県）
●第2位……辰野町（長野県）
●第3位……豊後高田市（大分県）

大分県の臼杵市はシニア部門だけではなく若者世代部門でも1位と、高い評価の小さな町です。臼杵市は有機農業で育てた野菜や臼杵湾でとれる新鮮な魚に加えて、就業サポートも充実していることが評価されているようです。

「大きな町」は地方といっても都会ですから、人間関係、近所付き合いについてはほどほどの距離感を取りやすいと考えていいでしょう。

デメリット④▼場所によっては「管理費」「死後の処分」が大変

定年退職後は、都会の自宅は処分して熱海、箱根などの温泉付きマンションに引っ越し、夫婦でのんびり暮らしたい、と考えている人もいるでしょう。熱海や箱根以外にも、越後湯沢などの温泉付きマンションは数多く、実は非常に安く購入することが可能です。バブルの頃にむやみに増えたリゾートマンションが叩き売られているからです。熱海の物件をネットで検索すると１００万円台から売られています。

「安い！　すぐに家を売って引っ越せるかも」と思うでしょうが、実は考えなくてはいけないのは管理費です。たとえば温泉付きマンションの場合、温泉の管理費だけで月額数万円するケースもあります。もちろん定期的にメンテナンスも必要になります。

老後に毎週通って楽しんでいる、という場合はいいですが、年に一度も行っていない場合には管理費だけがかさみ、そのまま夫婦が亡くなれば子供が相続することになります。子供夫婦も管理費は払い切れない、相続しても利用しそうにないので売ろうとしても、買い手がつかないケースがしばしばです。

リゾートマンションの多くは、温泉付きではなくても管理費という名目で高額な維持管理費や修繕積立金が設定されているため、なかなか買い手がつかず、オーナーが一刻も早く売却したいために価格を下げているわけですが、それでも売れないのが現実です。「温泉付きマンションで老後は夫婦のんびり」を夢見る気持ちはよくわかりますが、管理費のこと、病気になったときのこと、自分たちが亡くなった後のことも、購入する前に信頼できる不動産屋などに相談してみることをお勧めします。

さらに、先祖代々のお墓があった場合、そのお墓の処分やお寺の移転なども大変になってきます。群馬県に住んでいたAさんが、息子が暮らす埼玉県に引っ越したとき、最初に困ったのは家にあった大きな仏壇の処分でした。そのまま粗大ゴミに出すわけにもいかず、まずはお寺さんに依頼してお経を上げてもらい、引っ越し先の埼玉でも新しい同じ宗派のお寺に読経を頼みました。新しい仏壇も購入したため仏壇の引っ越しだけで数十万円の出費になったそうです。

また、地域によっても違いますが「そこに住んでいない人のお墓は移転しなくてはならない」というところもあるようです。お墓じまい、移転には、かなりの費用がかかると思っていいでしょう。

「国内移住」を考えるにしても、こうした点では「現住所」は現在の家に残し、「セカンドハウス」としてロングステイを選ぶほうが賢明かもしれません。

住み替え、共同生活

あえて都心に引っ越す・仲間とシェアハウスで暮らす

近年、急速に増えているのが高齢者の1人住まいです。1980年には子供との同居率が7割でしたが、2015年には39・0％に落ち込み、単独者世帯または夫婦のみの高齢者は1980年の3割弱から、2015年には56・9％まで増加しています（厚生労働省「国民生活基礎調査」）。現在、子供と同居している人も将来的には夫婦2人、もしくは1人住まいになることを覚悟しておいたほうがいいでしょう。

今住んでいる地域で、違う形の住み方をすることも可能です。

たとえば一戸建ての広い木造住宅に、夫と2人で住んでいる人が妻と死別し、1人暮らしになったとしましょう。一戸建ての木造住宅に住んでいれば10年に1度は外壁を再塗装する必要があり、屋根のふき替えをしなければなりません。

火災保険や地震保険も大きなコストになってきます。地球温暖化による自然災害の増加で、今後は火災保険なども高額になる可能性があります。

そこで最近話題になっているのが、都心のマンションへの住み替えです。千葉や埼玉、神奈川などの戸建て住宅に住んでいた夫婦が、子育てを終えて子供たちが巣立っていったあと、山手線内側の都心に住み替えをするといった方法です。現役時代に郊外の自宅から時間をかけて都心方面に通勤していた時と逆に、退職後は都心に引っ越してしまうわけです。

山手線の内側ともなると物件も高額になり、自宅が売却できたとしてもそう簡単ではありませんが、極端に古くない中古物件を探す、荷物を整理して今までよりコンパクトに住むといった工夫をすれば、不可能な方法ではありません。

「なぜ通勤の必要がなくなってから、わざわざ高い都心に引っ越すのか」と言えば、一見デメリットが大きいようでも、実は少し長い目で見ればメリットが大きくなるケースも多いからです。物価などが多少割高になっても、日常の買い物、娯楽はもちろん、医療や介護についても施設数、サービス数が多く、しかも車がなくても都心なら移動は簡単です。そのぶん、移動にかかる交通費は節約でき、住居をコンパクトにしたぶん税金も安くなり、戸建ての高額出費で心配になる「屋根のふき替え費」「外壁修理費」もかかりません。もちろん管理費や修繕積立金は必要ですが、大きな戸建てに住み続けるより、数十年単位での出費は抑えられます。

さらに、戸建て住宅、古いマンションだとバリアフリーへのリフォームがしにくい、管理がめんどう、ゴミ出しが大変、など高齢者にとっては肉体的にも負担が大きくなります。交通至便、サービス充実、バリアフリー対応リフォームも考慮したマンションなどなら安心して住めるというわけです。

自分たちの次の世代が住む予定がない場合、老夫婦2人では持てあましそうな広さの家に住んでいる場合は、将来的なことも考えた上で検討してみてください。子供世代が住む、売却する、貸し出すなどの場合も都心のマンションなら非常に便利です。彼らからも「歓迎」されるケースは多いのではないでしょうか。

また、「シェアハウス」を活用する方法もあります。シェアハウスとは、プライベートな部屋はあるものの、一般的にはトイレやキッチン、風呂などは他の居住者と共有する住居形態です。物件によっては、トイレとシャワーだけは部屋ごとというケースもありますが、基本的には共用です。

要するに、見ず知らずの人間と家族になるようなもので、もともと若者に人気があります。共用リビングのテレビで入居者が集まってスポーツ観戦をしたり、いっしょにビールを飲んだり、時には在宅している人同士がいっしょに食事をしたり、という形で、プライベートな空間はベッドと収納、パソコン程度の最小限のスペースということが多いようです。

最近は年代を問わずに同居しているシェアハウス、さらにはバリアフリーにも対応したシニア向けシェアハウス、夫婦で入居可能な物件も増えてきています。

この居住形態は、他の同居人との触れ合いを通じて、社会との関わりを持つことができるのが最大のメリットと言えます。「老人ホームに入ったとたんに認知症が進んだ」という話も聞きます。これは施設によりますが、ホームに入り、職員以外の人と接する機会が激減した場合が多いようです。

老人ホームのように一時入居金も不要で必要なのは家賃と光熱費だけ、しかも光熱費も割安。シニア向けシェアハウスなら同年代の友人もでき、助け合うことができるのは大きなメリットです。しかし、介護施設ではありませんからあくまで自立生活ができる人しか入居はできず、介護が必要になれば退去する必要があります。プライバシーを重視したい人には向きませんが、社交的で家族的な雰囲気が好きな人にとっては魅力的な住み方だと思います。若いうちから親しいの友人同士で「いつかシェアアウスにいっしょに住もう」と約束し、実際に自宅をシェアハウスとしてリフォームして夢を実現した人もいます。

まだシニア向けシェアハウスの数は少ないものの、政府の規制緩和によって今後はどんどん増えていくでしょう。

第6章

老後を楽しむために「するべきこと」「やめるべきこと」

老後の強みは時間がたっぷりあること

さて、ここまでは老後資産の防衛や、支出をなるべく抑えて年金の範囲内で生活する術《すべ》について書いてきましたが、こんなことばかり考えていては滅入ってしまいます。とにかく今より生活が厳しくなったとしても、生きていく以上はなんとか楽しみたいものです。「充実したリタイア生活」とは、毎年豪華客船の旅に出ることでもなければ、避暑地の豪華な別荘で毎年過ごすことでもありません。お金が足りなくても、本人が「楽しい」と思える生き方は必ず見つかるはずです。

完全にリタイアした人とわずかでも働き続けている人との間で違いはありますが、まずは老後の最大の特徴は自由な時間がたっぷりあることです。

NHKの「助けて！　きわめびと」という番組で「60歳から定年になってその後ずっと働かずにいると、どのぐらい時間があるのか」を計算していました。その結果、平均寿命まで生きた場合の自由時間はざっと8万時間あるそうです。

女性は家事に費やす時間が長いため、男性より長生きしても「自由時間」の量はそれほど変わらないそうです。実際に、2016年の「社会生活基本調査」（厚生労働省）によると、1日の自由時間は、次のような数字になるようです。

ちなみに「自由時間」とは、睡眠や食事などの生理的に必要な時間、仕事や家事、育児など社会生活を行う上での事務的な性格の強い時間を除いた時間を指します。

高齢者の男女別自由時間

65～69歳……男性11・18時間、女性8・02時間

70～74歳……男性10・97時間、女性8・07時間

75歳以上……男性10・20時間、女性8・43時間

完全なリタイアにせよ、セミリタイアにせよ、自分の「自由時間」がどれだけ増えるのか、それによって生活がどう変化するのかについては、みんながそれぞれに関心を持っていると思います。

【老後を楽しむために「するべきこと」】

①とりあえずスマホを買う

とはいえ「定年後の自由時間がありあまる」「時間をもてあます」時代は、もはや過去のことになりつつあります。ほんの10年前、20年前に比べると、今の高齢者は第4次産業革命とも言える「ＩＣＴ（Information and Communication Technology＝情報通信技術）」の発達によって、視野を広げることもたやすくなり、社会から取り残されるという疎外感も感じない環境をつくることが可能になったからです。

今後、高齢者にとって必須のアイテムとなるのがパソコン、またはスマホ・タブレットだと私は思っています。

まったく未経験でも、70歳以降のスタートでも、決して遅くはありません。

身近な家族や友人のレクチャーを受けるのが簡単ですが、自治体などでもスマホ入門講座が用意されているはずです。自分自身で試行錯誤して、失敗しながらでも諦めないことが大切です。通常の操作でどんなミスをしても、スマホもパソコンも壊れません。

「急に画面が真っ暗」になっても大丈夫です。「取り返しのつかない失敗」などまずありませんから、どんどん失敗してください。

②現役世代が働いている時期・時間に楽しむ

時間の使い方を現役時代と変えてみるのも楽しいものです。これはリタイア世代の特権でもあります。

たとえば、居酒屋で一杯飲む場合は、現役世代と同じように夕方5時ぐらいから飲むのではなく、14時とか15時ぐらいからやっている「昼飲みOK」の店で飲みましょう。そのほうが空いているし、リタイア世代の「優越感」も味わえる空間としてお勧めです。現役世代が働いている時間帯は、店も混雑していないから親切丁寧なサービスを受けられ、そもそも値段がピークタイムよりも安くなっている場合が多い。賢いリタイア世代は、こうして節約すると言ってもいいでしょう。

時間帯だけではありません。たとえばゴールデンウイークとか夏休みのレジャーシーズンに、現役世代と一緒に高速道路に乗って移動したり、温泉に泊まったりするのは極力避けましょう。

確かに高速道路代は休日のほうが安いかもしれませんが、旅館などの宿泊代は倍ぐらいに跳ね上がります。格安で楽しく旅をするという意味でも、現役世代がうろうろしている時期、時間は避けましょう。

③運動を心がけ、健康オタクになる

老後生活の大きな落とし穴が病気やけがです。

医療費などの急増によって年金だけでは暮らしていけない状況に追い込まれ、預貯金も大きく目減りしていく可能性があります。そういう意味では、元気なうちから適度な運動を心がけ、健康に留意して過ごすことが、長く、楽しく老後を過ごす最大のコツです。それが金銭的にも節約につながるのですから健康にまさる資産防衛ナシと言えるかもしれません。

たとえば、スポーツジムに通ったり、毎日ウォーキングに出かけたり、月に何日かは近くの低い山を歩く、あるいは気の合った仲間とゴルフに行く、といった運動を兼ねた

コミュニケーションを大切にしましょう。

また、最近は歩けば歩くほど得する保険なども出ており、健康づくりの重要さが注目されています。健康寿命を延ばすためにも、自由時間は積極的に運動などの健康管理に使いましょう。

④趣味は文武両道で、バランスのとれた日常を送る

趣味も大いに楽しみましょう。どうせなら「文武両道」がベストです。ゴルフとかテニスしか趣味がない人は、足腰が弱くなって運動ができなくなると趣味がゼロになってしまいます。

ドライブが大好き、という人も高齢になって自動車免許を返納したときには、何もすることがなくなってしまいます。体を酷使する趣味だけに没頭するのではなく、頭や手先などを使う趣味も持ってバランスのとれた日常を過ごすことです。

⑤地域密着の人間関係をつくる

現役時代の人間関係にこだわらず、地域に密着した人間関係を築きましょう。地域社会の中で人間関係を形成していくのは、近所付き合いさえ妻まかせだった男性にはなかなかすぐにはできないものですが、それでも少しずつ時間をかけて、地域に溶け込んでいくことが大事です。

【生活費節約のためにも「やめること」】

日常生活で節約できる方法は山のようにあります。

たとえば、意外とお金がかかっているのが人間関係です。これまであまり深く考えず、習慣的に「浮世のお付き合い」に使っていたぶんを思い切って見直してみてください。

①年賀状をやめる

もう組織の人間ではないのですから、毎年お金をかけて注文していた年賀状は定年退職とともに即刻やめましょう。どうしても出したい人にだけに絞り、後は少しずつ減らしていくことをお勧めします。

出すにしても、「プリントパック」「ラクスル」「しまうまプリント」などネットのプリントサービスを利用すれば、特別な技術など持っていなくても実に簡単に素敵な年賀状が作れます。豊富なデザインから好きなものを選び、文字だけ指定すれば、ほとんどの場合送料なしで数日以内に自宅に印刷済みの年賀状が送られてきます。写真を入れたい場合でもフォーマットを選んで、自分が撮ったお気に入りの写真をはめ込めば完成。お年玉くじ付き年賀はがき代＋印刷代合わせて、20枚２０００〜３０００円程度。スマホで「年賀状印刷　格安」などと検索してみてください。日本郵便も同様のサービスを提供していますが、少々割高です。

もちろん趣味の一環として、年賀状は手書き、自作にこだわりたい人は楽しんで続けてください。

②お中元やお歳暮をやめる

在職中に上司などに贈っていたお中元やお歳暮は、もちろん定年退職とともに即刻やめましょう。なんとなくダラダラと贈ってしまうと、やめるタイミングを逸してしまいます。家族で相談して早めに決断してください。

③冠婚葬祭を整理する

遠い親戚の結婚式や葬儀には出席しない、と割り切ってしまいましょう。親戚が多い人は全部付き合っているとかなりの負担になります。親戚一同、おそらく「もうそろそろやめたい」と思っている人も多いはずですから、大きなトラブルにはならないでしょう。「元同僚の子息の結婚式」とか「甥や姪の子供の入学祝い」「元取引先の知り合いの父親の葬儀」などは、本当に祝ってあげたい、お悔やみを言いたい、という場合だけにして、「義理」だけで出席するのはやめていいのではないでしょうか。

④実家を整理する

特に長男や長女が困るのは実家に対する対応です。両親が亡くなった後、実家の処理にお金がかかってしまうのはよくあることです。のちのち大変な思いをしたくないのであれば、これも早めに対処しておきましょう。

最近は、年をとった両親が金銭的な心配はなくとも、高齢で夫婦2人、またはどちらか1人で暮らしているケースは少なくありませんし、長子ではなくとも他の兄弟にまかせせきりにするというわけにもいきません。

まだ元気な両親が住んでいる場合に、無理に「実家を処分してマンションに移れ」などとは言えませんが、両親がすでに介護施設に入っているケースなどでは、相談しながら少しずつ家財の処分などを始めたほうがいい場合もあります。

現役時代のスーツ、ネクタイ、ベルトなども1～2着残してさっさと処分しましょう。きちんとクリーニングしてあるものなら、スマホアプリのメルカリなどで簡単に売ることも可能です。「着るものがなくなる」などと心配せずに処分して、おしゃれで安いカジュアルウエアを買うことをお勧めします。

もし、実家を売却処分する場合、業者には通常リフォーム後の売却を勧められるでしょうが、最近は「そのまま」で売却したほうが、買い手が好きなようにリフォームできるため売りやすくなることもあります。地域にもよりますが、早めに検討してみてください。戸建ての場合、住宅が立ったままで空き家にしておくと固定資産税は更地よりも安くはなりますが、そのまま老朽化し倒壊の恐れがあるなどして「特定空き家」に認定された場合は、固定資産税の優遇措置もなくなり認定前の6倍になります。自治体によって解体の助成金が出る、解体後一定期間借り上げるなどの援助もありますが、こうした状態になるまで放置しないように早めに対策をとってください。自治体に相談することをお勧めします。

⑤墓じまいを考える

地方から出てきた人が直面するのが、自分たちのお墓をどうするかです。それぞれ事情が違うので一概には言えませんが、「お墓を守る人」がもはや故郷にいなくなることがはっきりしている場合は「墓じまい」も考えたほうがいいでしょう。

ある友人夫婦はともに70代ですが、妻は姉妹のみ、夫は一人っ子で、それぞれの田舎の墓を守る人がいなくなってしまう、ということで墓じまいをしました。妻の実家の墓は姉妹で相談の上、お寺に永代供養料を支払い、あとはお寺まかせ。最終的に遺骨は合葬されて供養される形を選択しました。夫の実家の墓も地元には墓を守る人はおらず、子供は嫁いだ娘が1人だけ。遠くて墓参りも行けないため、東京のビル内の納骨堂に改葬したそうです。ひと昔前は「コインロッカーのようで嫌だ」と抵抗感が強い人も多かったのですが、最近は非常にきれいで、よく管理されており、お参りに行っても明るい気持ちになれるところが増えています。誰も行かない田舎のお墓より、身近にあり孫を連れてお参りも気軽にできると、その人はとても満足しているようです。これはそれぞれの家族の事情や考え方次第ですが、検討の余地はあると思います。

⑥昔の肩書を捨てる

老後はその人の生き方や考え方によって、大きく異なることは間違いありません。金銭的な不安も残りますが、前述のとおり現在60歳代の高齢者世帯金融商品保有額は平均1849万円。全体の18・6％は3000万円を超えています。そんなに蓄えがない人でも、ちょっとした工夫で老後生活はけっこう楽しく維持できるものですから、あまり不安にとらわれ過ぎてはいけません。

ただ、一つだけ忘れてはならないのは、「今」を楽しもうと努力することです。年老いた同級生同士で昔話に花を咲かせるのは老後の大きな楽しみですが、現役時代の「栄光」と「思い出」ばかりにとらわれるのだけはやめましょう。定年退職後の高齢者が、地域コミュニティーの中や、趣味のグループなどで過去の肩書、職歴や知識などをひけらかして同世代から疎まれたり、むやみに若者を恫喝して嫌がられるケースもあります。こういう高齢者は「マウンティング老人」（とにかく相手の優位に立とうとする人）と言われますが、これはもう最悪です。地域の友人は同僚でも部下でもないのです。

社名と肩書だけで人間関係を築くことが多かった人でも、定年後はそれらをすべて忘れて、人間同士として相手を尊重し、周囲と調和して生きていきたいものです。

外に出れば昔の自慢話か若者に対するグチ、家にいれば何もしないで奥さんに文句だけ言うような老後は過ごしたくありません。これでは、いくらお金に余裕があっても、ひとつも楽しい老後ではありません。

第7章

スマホを使って人生と財布を豊かにする方法

苦手意識はきっぱり捨てる

高齢者になってからの人生を楽しむことができるかどうかは、スマホ、タブレットをはじめとするデジタルツールをある程度使いこなせるかどうかにかかっていると言っていいと思います。

苦手意識を持っている人でも、できるだけ早く最初の一歩を踏み出すべきです。これだけは、強く強く勧めたいと思います。

毎日図書館に通うだけの老後より、自宅でも外出先でもスマホを使える老後のほうがずっと楽しいはずです。もしも、図書館に通えないくらい足腰が弱ってもスマホが使えれば、読書の楽しみや調べ物の楽しみはずっと続きます。

具体的なスマホの操作の仕方とか、機器の選択、ＰＣの使い方などについては、定年退職後にでもゆっくりと勉強していただくとして、ここではスマホやタブレットを中心にしたデジタルライフの楽しみ方を高齢者目線で考えてみたいと思います。

若い世代の「スマホ中毒」が問題になっているとよく言われますが、高齢者こそ中毒になるぐらいスマホを使いこなす必要があると思います。

【基本編】まず自宅のＷｉ－Ｆｉ環境を整える

さて、ここでご紹介するスマホアプリなどを快適かつ十分、かつ安く利用するには、まず自宅に「Ｗｉ－Ｆｉ」（ワイファイ）環境を整えることが必須になります。スマホは「電話」ですから、当然携帯回線を利用してネットに接続することができますが、外出先ならともかく、家でも常に携帯回線を使い続けているとよけいなお金がムダになってしまうことも多いのです。データ通信は利用料が増えると「速度制限」がかかっていきなり遅くなってしまうこともあります。動画がスムーズに再生されなかったり、ウェブサイトの表示が非常に遅くなったりするのです。

自宅にいる時まで携帯回線を使うのはもったいない上に、快適ではないということです。

自宅でＷｉ－Ｆｉ（無線ＬＡＮ）が使えれば、もちろん家族全員が同時に、自宅内のどこにいてもパソコン、スマホ、タブレットを定額で使い放題です。使い過ぎて遅くなるということもありません。

Ｗｉ－Ｆｉ環境の整え方については、自宅が戸建てか、マンションか、現在どういう形でネットに接続しているか、どんな回線を利用しているか、どこのプロバイダーを使っているか、まったくネット環境がない場合も含め、それぞれ違うので、ここですべて説明することはできませんが、なるべく身近な友人、家族などに相談してアドバイスをもらうことをお勧めします。もちろんセキュリティ対策は万全にしてください。

公共施設、ホテルのロビー、多くの店舗など、無料でＷｉ－Ｆｉが使える公衆無線ＬＡＮスポットもどんどん増えています。カフェならドトール、スターバックスコーヒー、マクドナルド、ルノアールなどは全店使えます。初めて使うときに接続方法がわからないときはお店に聞くといいと思います。

そのほか成田空港、羽田空港、都営バス車内、主要駅・車両の一部などもだいじょうぶ。ＪＲ東海の新幹線はＮ７００Ａ、Ｎ７００系車内で、Ｗｉ－Ｆｉマークのシールが貼ってある車両に限り無料で利用できます。

入力が苦手は人はどんどん音声入力を使おう

パソコンのキーボードが苦手、スマホ画面のキーボード入力はさらに苦手、という人は少なくないでしょう。

どこを押したらどのマークが出るのか、などがよくわからず、そこでパソコンやスマホそのものが苦手になってしまう人もいると思います。入力が苦手な人はぜひ「音声入力」を試してください。スマホの場合、メールでもツイッターでもＬＩＮＥでも、「音声」で文字を「書く」ことができます。まずは「検索画面」で試してみましょう。

マイクのマークをタップし、たとえば「近所の駐車場」とスマホに話しかけてみてください。すぐに画面には地図と、駐車場を示すマークが表れます。

また、ど忘れしてしまった映画俳優の名前、気になる著名人のプロフィールなども、音声入力で検索してみてください。「七人の侍の俳優」と検索するとまずズラリと出演者の画像が並び、他に映画の内容・キャスト・スタッフを紹介するサイトが列挙されます。フルネームはわからなくても「ノーベル賞　吉野さん」と検索すれば、吉野彰さんのプロフィールが冒頭に出て、受賞時のニュースも並びます。

「今年の秋分の日はいつ?」「運用成績のいい投資信託は?」などという検索もぜひ音声で試してみましょう。

検索だけではなく、メールやＬＩＮＥのメッセージも音声入力なら、散歩の途中でもちょっと立ち止まるだけでＯＫです。

下は、メールで音声入力する場合の画

メールを音声入力する

①メール画面でキーボードの左下にある「マイク」マークをタップする

②録音可能状態になるので、スマホに向かって話す

③話した通りに文字が入力される

面です。キーボードマイクのマークをタップしてから話してください。

少しゆっくり話すだけで、見る見る文字が画面に入力されていきます。句読点は「てん」「まる」、改行したいときは「かいぎょう」と言えば問題ありません。もしスマホがミスをしたら、そこだけ削除して手動で修正すればいいのですが、非常に優秀なのであまり修正の必要もありません。

【お金編】「マネー」の世界はデジタルに満ちている

私が初めて利用したデジタルツールは、ワープロでした。とにかく悪筆だった私を救ってくれた道具です。その後ウィンドウズ（Windows）を搭載したパソコンが登場し、「日経テレコン21」などで新聞検索が可能になり、そしてインターネット、スマホの世界になっていったわけですが、もともとマネー、経済が専門だった私にとって、投資の世界のデジタル化は非常に身近なものでした。

オンライン証券会社が誕生し、自宅のパソコンで株式などの取引をするデイトレーダーが活躍するようになり、そして今はAIが投資アドバイスをしてくれる時代になっています。デジタルの世界がわからなければ、投資で成功することはほぼ不可能と言っていい時代です。日経新聞を読み、証券会社の担当者と電話でやりとりをしているだけで儲かる時代はとっくに過ぎ去っています。情報収集のスピードや売買取引のツールにしても、何もかもがアナログの世界とは大きく変わりました。

老後のマネーを自分で管理したいのであれば、定年退職した翌日にはとりあえず、オンライン証券会社の口座を取得し、銀行もオンラインバンキングの利用を始めましょう。

個々の証券会社や銀行の紹介は省略しますが、たとえば最近ではライン（ＬＩＮＥ）が証券会社を立ち上げ、小額から株式を購入するサービスを始めるなど、大きなリスクなしに気軽に資産運用ができる時代になっています。

もちろん、証券会社や銀行の窓口などで資産運用の相談をするのはかまいませんが、けっしてそれだけに頼らず、信じ込まず、同時に自分でもデジタルの世界を理解して、活用し、独自の情報を収集しましょう。

AIがアドバイスしてくれる資産運用アプリもあります。ウェルスナビ（WealthNavi）は「ロボアドバイザー」が資産運用の全プロセスを自動で行うもので、預かり資産1800億円、口座数24万を超える日本最大の資産運用アプリです。わずかな金額からスタートできるため、何から何まで任せたい人は、とりあえずは資産の1%程度からスタートしてみてもいいのではないでしょうか。

テオ（THEO）は1万円から資産運用を開始できる資産運用アプリ。投資の運用エンジンを使った「お任せ運用」で、プロ投資家が実践する「国際分散投資」を可能にしています。

こうした資産運用をデジタルツール使いこなしの「入り口」にしてみるの

ウェルスナビ（Wealth Navi）

無料・PC、iPhone、
アンドロイド対応・WealthNavi Inc.

ロボアドバイザーとはAIを利用した「資産運用ロボット」のこと。預かり資産、運用者数ともに実績でトップを走るのがウェルスナビ。手数料は年率1%。小額から試してみては？

もいいと思います。

高齢者こそキャッシュレス決済で節約を

スマホは、財布代わりに使えます。

ペイペイ（ＰａｙＰａｙ）やラインペイ（ＬＩＮＥ Ｐａｙ）、楽天ペイ（ＲＰａｙ）などのアプリを入れておけば、近所のコンビニやスーパーに行くくらいなら、わざわざ財布を持っていく必要はありません。スマホ決済サービスは、ＳＵＩＣＡのように一定のお金をチャージして使うことも、クレジットカードからの引き落としにすることも可能なので、以前から使っている銀行口座やクレジットカードと連携させれば、審査や書類送付などめんどうな手続きも不要で、スマホだけですぐ使用が開始できます。

ビックカメラなど家電量販店のカードはもちろん、Ｔカード、Ｐｏｎｔａカードなどのポイントカードは、ほとんどの場合アプリが用意されています。ポイントカードを見せる代わりに、スマホの画面を見せるだけでいいということです。

大切なものを全部スマホに入れてしまうと、「万一スマホを紛失したらどうするんだ」と心配になるでしょうが、最近のスマホは、顔認証や指紋認証システムでセキュリティーが整備されているため、仮に紛失しても、拾った人は簡単に画面を開くことができない上に、クレジットカードと連携させていなければあらかじめ入金しておいた金額以上の金額は使うことができません。もしクレジットカードを他人に使われるようなことがあっても、クレジットカード会社が不正使用をされた金額についてはきちんと保証してくれます。つまり名前も何も書いてない現金を紛失するより、ずっとセキュリティ度が高いと思っていいでしょう。

ちなみに、デジタルマネーを取り扱っている会社では、利用者を増やすため、期間限定でキャッシュレス決済した金額の20％を還元してくれる、といったキャンペーンを常時実施しています。最高で5万円、1カ月間限定など、それぞれ条件がつく場合が多いものの、単に決済するだけでお金が返ってくるわけですから便利で気軽です。消費税率引き上げ後の政府主導のキャンペーンでも、キャッシュレス決済するだけで2～5％を還元してくれる制度が2020年6月までの期間限定で始まりました。こうした特典を利用しない手はありません。消費税率アップ後の「一時的」なもの以外にもさまざまなサービスがありますから、老後にこそ使うべきです。

映画・ドラマ好きはDVD購入もレンタルの利用もやめる

映画、ドラマ好きは「定額制動画配信サービス」を利用すべきです。毎月定額で映画やテレビドラマ、アニメなどを見放題で、しかも好きな時間に視聴できる動画配信サービスのことで、ビデオ・オン・デマンドともいわれます。

どうしてもDVDのパッケージで手元に置いておきたい映画やドラマ、大画面の映画館で見たい映画以外は、配信サービスにしてはいかがでしょう。

世界最大手のネットフリックス（Netflix）は月額880円（税別・ベーシックプラン）から、月額500円（税込、プライム会員無料）のリーズナブルな配信料で急速に人気を集めているアマゾンプライムビデオ（Amazon prime video）、日本では会員数トップのディーティーブイ（dTV）は月額550円（税込）、日テレが買収して急速に成長してきたフールー（Ｈｕｌｕ）は月額１０２６円（税込）、ＴＢＳやテレビ東京のコンテンツが充実しているパラビ（Ｐａｒａｖｉ）は月額９９９円（税込）です。

特に書籍などを買う時にアマゾンをよく利用する人で、すでにプライム会員（年間４９００円または月額５００円で、対象商品送料無料、お急ぎ便利用可能など）になっている場合は、追加料金なしでプライムビデオが利用でき、しかも２００万曲以上の音楽も聴き放題ですから、早速試してください。

他のサービスでも同じことは言えますが、アマゾンプライムビデオは、公開直後の映画やドラマは有料になることがほとんどです。たとえば２０１９年10月現在『ボヘミアン・ラプソディ』はプライム対象ではありませんが、それでも３９９円追加すれば48時間以内なら何度でも見られます。『グレイテスト・ショーマン』は１９９円。『万引き家族』はすでにプライム対象になっているため無料です。つまり、今公開されている映画でも、しばらく待っていれば、だいたいタダで見られると考えていいでしょう。

どのサービスも１カ月程度「無料お試し期間」があります。試してみて「これで満足！」と思えば、ＷＯＷＯＷ、スカパーなどに加入している人も解約が可能になるかもしれません。特に映画、ドラマをたくさん見たいという人、レンタルビデオをよく利用する人にとって、こうした動画配信サービスは、節約はもちろん、楽しみがもっともっと広がります。しかも、最近はこうしたサービスでもリアルタイム配信を始めるところが増えており、たとえばフールーは、２０１９年ラグビーワールドカップの生配信（中継）も行いました。

「パソコンやスマホで映画・ドラマを見るのは嫌だ、やはり大画面のテレビで見たい！」という人でもだいじょうぶ。テレビか、テレビに接続しているハードディスクレコーダーにＨＤＭＩという端子さえあれば、ファイアーT

フールー（Hulu）

無料・PC、iPhone、アンドロイドほか対応・HJ Holdings,Inc.

洋画、海外ドラマ、国内ドラマ、邦画、アニメなどほどほどにバランスがいい。オリジナル作品の多さではネットフリックスにかなわないが、家族で楽しむにはいい。

Vスティック（Fire tv stick）などを購入して接続するだけでそれが可能になります。これはアマゾンのデバイスですが、アマゾンプライムビデオはもちろん、フールー、ネットフリックスなどにも対応しています。価格は税込4980円というお手軽さ。グーグルが提供するクロームキャスト（Chrome cast）はさらにお手軽な2000〜2300円ほどです。スマホ画面をそのままテレビ画面に映し出す方式でネットフリックスほかに対応しています。アップルの（Apple TV）も高機能ですが、1万7380円（税込）からとちょっと高額。

CDも買わない！　音楽も定額聴き放題で楽しもう

音楽好きも、落語好きも、もうCDを買ったりレンタルする必要はありません。ネット、スマホのサービスを使えば「見たい」「聴きたい」と思うもののほとんどは新旧問わず、ほぼ無料、あるいは定額で手のひらにあるスマホで高品質の音楽や映像が楽しめます。ヘッドホンで聴くことも、別のスピーカーから出力することも可能です。

まず手始めにユーチューブを見てみてください。パソコンでもスマホでもかまいません。パソコンなら検索エンジンで「ＹｏｕＴｕｂｅ」または「ユーチューブ」で検索すればすぐにトップページに行けますし、スマホなら専用アプリをダウンロードするだけ。自分の動画を投稿するのも簡単ですが「見るだけで十分」なら、登録も一切不要です。

青春時代に流行した曲名、歌手名などを手始めに入力してみましょう。懐かしい映像、音楽にすぐ出会えるはずです。すべてが動画ではなく、ものによっては、画面は静止画像というケースもあります。

ユーチューブミュージック（ＹｏｕＴｕｂｅ Ｍｕｓｉｃ）は動画なし、音楽のみのサービスですが、３カ月間

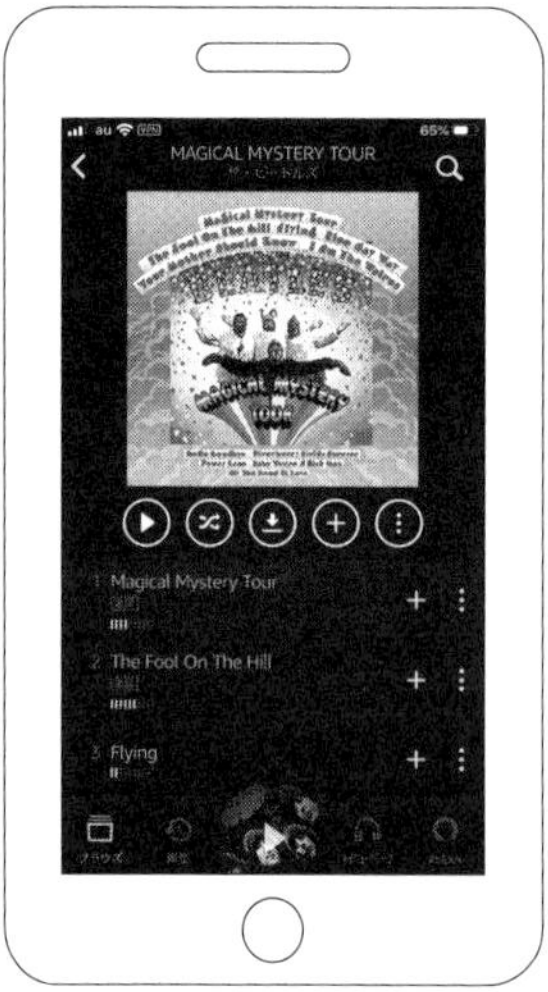

アマゾンプライムミュージック
無料・PC、iPhone、アンドロイドほか対応・AMZN Mobile LLC

これはビートルズ「マジカル・ミステリー・ツアー」の画面。アルバム、曲ごとに聞くだけでなく「夜聞きたいジャズ」「寝る前のクラシック」といったプレイリストも充実。ラジオ感覚で楽しめる。

の無料体験ができて、その後は月額980円（税込）。ユーチューブはもともと無料ですが、広告などに邪魔をされずに、さまざまなジャンルの曲を楽しむことが可能です。

また、音楽配信サービスの「アマゾンミュージック」はアマゾンプライム会員であれば、追加料金なしで約2万曲のプライム対象曲が聴き放題になります。さらに月額780円（税込、プライム会員以外は980円）のアマゾンミュージックアンリミテッドを利用すると、なんと6500万曲が聴き放題。

この他にもラインミュージック、アップルミュージック、グーグルプレイ・ミュージック、楽天ミュージック、スポティファイなど数多くのストリーミング配信サービスがあります。

音楽にはもう興味はないという人には無用のものですが、音楽を生活の中の一部と考えている人にはこの定額サービスを利用するのも、老後を豊かにしてくれるツールと言えます。

新聞の宅配は即中止してスマホで読もう！

新聞も、よく考えれば大きな支出です。

たとえば宅配で朝夕朝日新聞をとれば朝夕刊で月額4400円（税込・以下同）。年額5万2800円、20年とったら105万6000円です。貴重な老後資金がそれだけで105万円以上減るのです。その価値があるかどうかよく考えてみてください。

テレビは消して、新聞の宅配は即刻中止して、スマホやタブレットのニュースを見ましょう。たとえば「ニュース配信アプリ」の「スマートニュース」を使えば、すべて無料でさまざまなニュースを見ることができます。

朝日新聞や読売新聞、毎日新聞、東京新聞、産経新聞はもちろんのこと、共同通信や時事通信といった通信会社など国内の代表的活字メディアを網羅し、さらに「ブルームバーグ」や「ロイター」「ニューズウィーク日本版」「CNNニュース」「中央日報日本語版」など海外のメディアのニュースもチェックすることができます。

加えて「文春オンライン」や「NEWSポストセブン」といった週刊誌の記事や、

「日刊ゲンダイ」「ZakZak」といった夕刊紙のニュースまで見ることができます。

また「スマートニュース」には、スポーツ、トラベルや音楽、読書、映画などのカテゴリーのニュースもまとめられており、加えて割引クーポンなどが配信されています。

おなじみの「ヤフーニュース」「ニフティニュース」「ラインニュース」もありますが、最近はグノシーとKDDIが共同でニュースを提供している「ニュースパス」の利用者数が大きく伸びています。

いずれも無料ですから、あれこれアプリをダウンロードして、一番見やすいもの、興味のあるカテゴリーが充実しているかどうか、などで比較してお

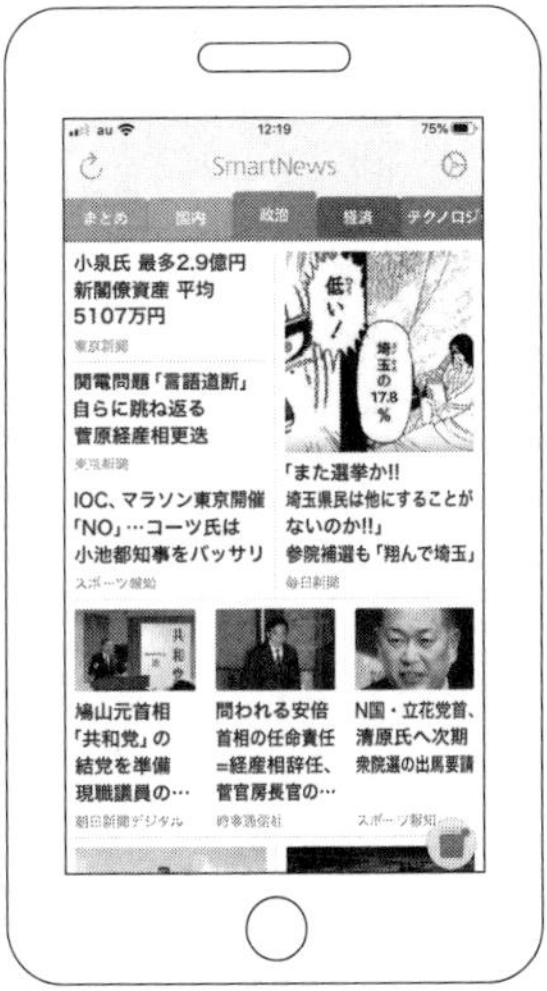

スマートニュース（Smart News）

無料・PC、iPhone、アンドロイドほか対応・SmartNews, Inc.

表示できる「チャンネル」は好きなように変更できる。「国内ニュース」「政治」「経済」「スポーツ」だけでもいいが、クーポンや、英語で読めるニュースチャンネルも。

気に入りをいくつか使ってみてください。

スポーツニュースに特化した「スポーツナビ」もお勧めです。これはカテゴリーが「ゴルフ」「野球」「フィギュアスケート」などの競技別で、時期によって「ワールドカップラグビー」などの大会カテゴリーも追加されます。

「ブルームバーグ」の日本語版は、無料ながら素晴らしいクオリティのニュースを発信してくれます。とりわけ米国の大統領選挙とか香港の情勢などは、動画付きでリアルタイムの情報を知ることができます。「ロイター」の日本語版も無料です。

日本の新聞やテレビなどは、こうしたロイターなどの情報をそのまま買ってきて流しているだけです。いち早くクオリティの高いニュースに触れていたかったら、日本以外のメディアをインターネットでチェックしましょう。

週刊誌を買うのもやめてパソコンかタブレットで読む

「週刊文春」「週刊新潮」は1冊440円（税込）です。どちらかを年間50冊買えば2

万２０００円、20年読み続けると44万円です。

つい習慣で買ってしまうという人でも、結局気になる記事を3～4本読むだけ、ということも多いのではないでしょうか。

そこでぜひ利用したいのが、ｄマガジンというサービスです。これは月額４４０円（税込）で、２５０誌以上の雑誌が読み放題になるというものです。週刊誌では「週刊文春」「週刊新潮」「アエラ」「フライデー」「週刊朝日」「サンデー毎日」「週刊現代」「女性自身」「女性セブン」「フラッシュ」「ニューズウィーク日本版」など。ほかにもスポーツ誌、料理雑誌、パソコン雑誌、旅行雑誌、車雑誌、ファッション誌と、ラインアップは実に充実しています。

dマガジン
無料・PC、iPhone、アンドロイド対応・NTT DOCOMO

横位置で表示すれば雑誌が見開きで読める。特に「dancyu」「pen」など写真の多い月刊誌を楽しむには、iPadが最適。同じテーマで複数の雑誌の記事を検索することもできるただし、雑誌に掲載されたものがすべて読めるとは限らないこと。特に週刊誌の場合は、目玉になる記事だけ読めない、肖像権などの問題から一部の芸能人の写真が隠されているということがあります。

ただ、月刊誌などについてはほとんどそんなこともなく、普段は読むことのない雑誌を「立ち読み感覚」でいくらでも楽しめます。過去の雑誌は順次削除されていきますが、常に1600冊くらいは読めるものがあり、これが月額440円です。週刊誌1冊分ですから、雑誌好きはぜひ利用してみてください。

ただ、雑誌を読むのはスマホの画面では少々小さ過ぎます。できればiPadなどのタブレットで読みたいものです。ノートパソコンでも読めますが、手軽に持ち運べるタブレットなら、屋外での読書にもぴったりです。

【SNS編】
スマホを買ったらSNSを使おう

スマホを使うようになると日常生活も、大げさではなく「一変」します。もっとも身近で楽しい使い方はＳＮＳ。定番はツイッター（Ｔｗｉｔｔｅｒ）、インスタグラム（Ｉｎｓｔａｇｒａｍ）、フェイスブック（Ｆａｃｅｂｏｏｋ）、ライン（ＬＩＮＥ）です。

ほかにもこうしたＳＮＳは数百種類以上あるといわれており、たとえばビジネスで使えるリンクドイン（ＬｉｎｋｅｄＩｎ）、日本生まれのミクシィ（ｍｉｘｉ）、中国版チャットのウェイボー（Ｗｅｉｂｏ、微博）、日本全国のジョギングやウオーキング、自転車好きのためのジョグノート（ＪｏｇＮｏｔｅ）などがあります。

ＳＮＳは友だち、知り合い同士、あるいは不特定多数の世界中の人と、メールや写真、動画などを使って情報交換するためのアプリです。使用料はもちろん無料。

スマホに定番のＳＮＳアプリを入れておくだけで、テレビや新聞、雑誌などの既存メディアと同じものはもちろん、これらとはまったく次元の違う最新情報を知ることができます。発信者は企業、一般人、もちろん海外からのものもあります。既存メディアであっても、海外のテレビ局、通信社、新聞社、雑誌の情報もすぐに入手できます。

災害時にも力を発揮するＳＮＳ

さらに、台風や地震などの災害時には、テレビや新聞では入手が困難な最新の地域情報をいち早くＳＮＳで入手することができます。たとえば、２０１９年９月に起きた台風15号による千葉県の大規模停電について、その実態をテレビや新聞が報道するまで３日間の時間を要しました。しかし、ツイッターやフェイスブックなどでは、まさにリアルタイムでその現場の状況を知ることができました。

主要キャリアが提供する緊急地震速報はもちろん、「ゆれくるコール」は地震速報のほかに登録した地域の震度確認、安否確認などができる機能もあります。

東京都が２０１５年に配布した地震対応のマニュアル『東京防災』は東京以外の人にも好評ですが、電子ブック版（無料）をダウンロードしてスマホに入れておくこともできます。

災害時に家族と連絡をとるなら「ラインのグループトーク」が使い慣れている人には一番安心ですし、「位置情報送信機能」で「自分はここにいる！」と知らせることもできます。

ツイッター、フェイスブックで救援要請をすることも可能。詳しくは省きますが「#救助」をつけて、内容、住所、写真、現在地などを入力すれば多くの人の目に触れます。もちろん地元警察、消防も災害時にはＳＮＳの情報を常時チェックしていますから、実際の救助につながることがどんどん増えているのです。

ツイッターの公式アカウントをフォローすることで情報を集めることも可能です。首相官邸、消防庁、自衛隊も、災害情報・ライフライン情報を常に提供しています。

まずは災害が起きる前に、こうしたアカウントが過去にどんな情報を出していたのかをチェックしてみてください。

天気予報のアプリ、サイトも非常に充実していますから、見やすいものを探してみましょう。

「全国避難所ガイド」というアプリは、今いる場所から近い避難所、給水所、帰宅困難者一時滞在施設、医療機関、災害時協力寺院などを地図上に表示し、道案内をしてくれます。

スマホかタブレット用のこうしたアプリ、サービスは無数と言っていいほどあり、しかもほぼ全部が無料で使えます。

ツイッター（Twitter）

ＳＮＳそれぞれの概要にも少しだけ触れておきます。

まずツイッターです。米国のトランプ大統領は、このＳＮＳを武器に選挙を勝ち上がり、大統領就任後もツイッターやインスタグラムで昼夜の区別なく発言を続けています。私たちは近い将来テレビや新聞ではなく、トランプのツイッターでアメリカの宣戦布告を知ることになるかもしれません。

日本で４５００万人以上、世界で3億人以上が利用中で、トランプ大統領はもとより、イギリス王室、ローマ法王も公式アカウントを持っており、世界中のセレブから名もなき市民までがつぶやくツールです。もともとは１４０文字以内のテキスト投稿のみが可能でしたが、現在は写真も動画も、スマホの専用アプリから投稿できます。ただ、現在でもテキストメインのＳＮＳです。

さまざまなツイートを読む、コメントするだけではなく発信者に直接「ダイレクトメッセージ」を送り、直接やりとりをすることも可能です。登録さえすれば誰もがアカウントを持つことができ、匿名性が高いため自分の好きなことをいつでもつぶやくことができます。フォロワー数やリツイート数で、発信者や情報に対する評価、反響の大きさなどを知ることができる上、コメントを読めばそのツイートに誰がどう反応しているのかも時系列でわかります。リツイートというのは、他の人にも紹介したいと思った投稿を自分のアカウントからそのまま発信することで、いわば、気に入ったメールを多くの人に転送するようなものです。

トランプ大統領のツイッター画面

ぜひ一度はのぞいてみよう。トランプ大統領のツイートを、すぐさま日本語に翻訳してつぶやいてくれる「日本語版」（非公式）も複数ある。

まずは画面を眺めてみてください。単にいろいろな情報を検索していろいろな人のツイートを読むだけなら、アカウントを作る必要もありません。情報に対してコメントしたい、自分でも発信したい、と感じたらアカウントを作ればいいのです。

フェイスブック（Facebook）

利用者数は世界中で24億人以上、日本でも2800万人以上が利用している世界最大のSNSです。ツイッターと違って本名での登録を基本としているため、比較的信用度が高く、ツイッターよりは多少本人認証などの手順が増えますが、誰でも数分でアカウントが作れます。

このフェイスブック、実は定年退職後の中高年にこそぴったりのSNSです。たとえば同級生の消息を知りたい、故郷の幼馴染みの近況を知りたい、めったに会えない遠い親戚の様子もたまには知りたい、などという場合です。70代、80代になってしまうと、利用者が少ないためになかなか知り合いが見つからないということもありますが、50代、

60代であれば誘い合って複数の友人といっしょに同時にアカウントを作る、というのはどうでしょう。フェイスブックは、他人の投稿を読んだり、コメントをするためには相手と「友達になる」必要があります。フェイスブックの画面上から、相手に「友達申請」をして、相手が「ＯＫ」してくれて初めて互いが「友達同士」になれるというシステムです。アカウントを作って書きこんでいけば、そのうちに知り合いや友人があなたを見つけてくれるはずです。「友達申請」が届いたらまずその人のページを確認し、知り合いだったら「許可」してください。

同級生が別の同級生を誘い、さらに別の同級生の消息がわかる、というように輪が広がっていきます。フェイスブック上で同窓会のようなこともできるし、実際の同窓会の出欠をとったり、場所や時間を教え合うにも非常に便利です。

自分の投稿の「公開範囲」も設定できます。フェイスブックを使っている人全員、友達になっている人だけ、友達の友達まで、というように投稿ごとにも設定できるので、プライバシーもコントロールできます。

注意したいのは、いくら公開設定の範囲を狭くしていていても、ネットの情報はどこからどう回ってどこに公開されるかわからないということです。特に子供、孫の写真や動画などは軽々しくアップしないこと。これだけは覚えておいてください。とりあえず無難に「おいしかった店の料理写真」「自作のプラモデル」「自慢の盆栽」あたりから、試運転をどうぞ。

さらに、フェイスブックにはメッセージ機能があり、フェイスブック上で友達になっている相手となら、ＬＩＮＥと同じように、無料でテキストメッセージのやりとり、無料通話、無料ビデオ通話もできます。もちろん他のＳＮＳ同様、パソコンでもスマホでも利用が可能。スマホアプリのほうが「スマホで撮影した写真をすぐフェイスブックにアップする」という楽しみが広がります。これはほかのＳＮＳも同様です。

ライン（LINE）

今や日本では６８００万人が利用するまでになったＳＮＳアプリです。スマホを持っている人なら、使っていない人のほうが少ないのではないでしょうか。基本的には「知り合い同士」がやりとりをするためのアプリで、家族、友人、同級生、サークルの友達といった身近な人と始めるのが一番です。まず、家族と始めてみてください。

このアプリもまず自身の登録をすませ、その後、ＬＩＮＥを使っている知り合いと「友達になる」という手順を踏みます。友達になると、スマホの友達リストの中に相手が表示されるようになり、「メッセージ画面」で相手と1対1のやりとりができるようになります。たとえば、夫が妻に「きょうは5時ごろ帰るよ。今、渋谷」とメッセージを送り、妻が「了解。ついでにケーキ買ってきて」と返す、という感じです。妻だけでは面白くないでしょうから、あとはＬＩＮＥを使っている子供や孫とも「友達」になってもらいましょう。写真や動画もスマホからなら非常に簡単に送れます。

さらにグループラインといって、「家族」「同じサークル」などのグループが作れます。これだと、たとえばお母さんが家族全員に同時に「今日の晩ご飯はカレーです！」などと伝えることができます。最近は、学校の部活、大学のゼミ、ＰＴＡなどもグループラインで連絡をとるのが一般的です。遅刻の連絡、欠席の連絡、予定の変更などには本当に便利です。昔ながらの「電話連絡網」は、最近プライバシー保護の観点から作りにくくなっていて、連絡手段はＬＩＮＥに移行しているようです。

　このアプリも、無料でＬＩＮＥの友達同士の音声通話、ビデオ通話ができるので、家族全員ＬＩＮＥを使っていれば、家族同士の電話代はすべてタダ。もちろんインターネットを利用しての通話ですから、屋外で４Ｇほかの回線を使用すれば料金はかかりますが、無料でＷｉ－Ｆｉが使える場所での通話なら１円もかかりません。

　私は知り合いの編集者ともラインで友達になっていることが多いため、最近は仕事のやりとりもライン通話です。通話品質も、大手キャリアの電話と比べて劣るとは思いません。ＬＩＮＥでかけてみて相手が出ないようだったらメッセージを残す、という形でよく利用しています。ＬＩＮＥはメッセージが誰かから届くと、すぐにス

ラインスタンプ

無料のものから有料のものまで大量にある。すぐに使える無料のものをちょっと使ってみよう。会話が楽しくなる。

マホの画面で教えてくれるので、メールをあまり頻繁にチェックしない人でも、返信が非常に早いケースが多いのが特徴です。

しかも相手がメッセージを読むと、書き込みの横に「既読」のマークがつきます。つまり、相手が自分のメッセージを読んだか、まだ読んでいないのかがわかります。メッセージを受けとったのにいつまでも返信しない「既読スルー」はあまりお勧めできません。「ＯＫ」や「了解！」だけでも、一言返すのがマナーです。

インスタグラム（Instagram）

特に若い世代が数多く利用している写真や動画が中心のＳＮＳで、世界で10億人以上のユーザーがいます。インスタグラムも実はフェイスブック傘下にあるのですが（２０１２年にフェイスブックがインスタグラムを買収）、フェイスブックは実名登録が原則なので、若い世代にとっては、アカウントは持っていても、いわば「公式バージョン」になっているようです。たとえば職場の上司とうっかり「友達」になってしまうと、

「会社のグチ」を書き込むことはできなくなります。つまり「好きなことを好きな時に書き込めるSNS」とは言えないということです。その点、インスタグラムはツイッター同様匿名性が高く、写真とともに好きなことが自由に書けます。

また、インスタグラムにも検索機能があるので、さまざまな情報を収集することができます。

たとえば、旅行先で「信州の戸隠においしい蕎麦屋がないか」などを探すとき、以前ならガイドブックを見たり、地元の人に聞くしか方法はありませんでしたが、インスタグラムなら「#蕎麦屋」「#戸隠」と検索すれば、あっという間に写真が並びます。写真の多くには、ほかのユーザーのコメントが書き込まれていることが

インスタグラムで戸隠の蕎麦屋を探す

さっそく1000件以上の写真が並ぶ。写真とともに、店の名前なども書いてあることが多い。改めて「店名」で再検索を。実際にすぐ行きたいなら、地図アプリで「店名検索」！

多く、店選びの参考にもなります。飲食店探しに限りませんが、このインスタグラムはもともとは「写真投稿」に特化して作られたものなので、「とにかく写真が見たい」という場合にツイッターより力を発揮します。たとえば著名人のアカウントで彼らの日常のファッションやプライベートな空間を写真、動画で見られます。美しい景色、見事な料理なども、世界中の人が「インスタ映え」を狙ってアップしまくっていますから、存分に楽しめます。実際に、インスタグラムの写真を見て、店舗や観光地を訪れる人がどんどん増えています。伏見稲荷がこの5～6年で世界的に有名になったのも、まさに「インスタ映え」する千本鳥居の写真が世界中に広まったことによります。もっとも、インスタグラムのおかげで、もはや観光地に「穴場」はなくなった、とも言われており、これは世界的な傾向です。

【趣味編】

ゲームをしながら「囲碁友達」「麻雀友達」も増やせる

パソコン、スマホのゲームアプリも見逃せません。たとえば、囲碁や将棋が好きな人は、近くの碁会所や将棋クラブで楽しむという方法もありますが、こうした場所も最近は少なくなっており、その主流はむしろインターネットの世界に移りつつあります。

雀荘も減りましたが、ネットならいつでもフリー麻雀を楽しむことが可能です。

囲碁や将棋、麻雀といったゲームの「対局アプリ」をダウンロードして、無料会員になればコンピューター相手に対戦するだけではなく、利用者同士での勝負を楽しむことができます。パソコン版が用意されていることも多いので、大きな画面で、自宅でゆっくり楽しみたい人はパソコンでどうぞ。

●将棋ウォーズ

無料、iPhone・Android対応、HEROZ

日本将棋連盟が公認しているゲームアプリで、連盟の段位などもアプリを通じて取得できる特典がある。いつでも24時間、対局可能で待ち時間別に「10分切れ負け」「3分切れ負け」「10秒将棋」といった形でスピーディーな勝負が可能で段位取得など以外は完全無料。また、他人同士の勝負も観戦でき、加えて自分が対戦した相手と連絡を取り合うこともできる。遠く離れた知り合いとこのアプリを使って勝負することも可能。このゲームはスマホだけではなく、タブレットやパソコンのブラウザでも楽しめる。大きな画面で対局したいならパソコンがお勧め。

●囲碁アイランド1、2

無料、PC，iPhone・Android対応、The Nihon Ki-in

囲碁のルールから基本技術まで学べる「日本棋院」の公式アプリ。超初心者はまずここから！

●囲碁ウォーズ

無料、PC、iPhone・Android対応、HEROZ

プロ級の実力があるAIを搭載したオンライン対戦型の囲碁アプリ。自分の棋力にあった相手をマッチングしてくれるため、初心者から上級者まで楽しめる。「棋神降臨」は、AIが代打ちしてくれるシステムだが、代打ち要請回数に応じて料金がかかる。基本プレイは無料。

●セガNET麻雀MJ

無料、PC、iPhone・Android対応、SEGA CORPORATION

トレーニングモードで麻雀の基本ルールを学び、インターネットで集まった人と課金なしで自由に対局できる。実況・解説付きがこのアプリの特徴で、実況中継を聞きながら麻雀を打つことができる。ただし、最低3人集まって対戦が可能になるシステムで、コンピュータと人間3人（CPU＋3）という形が基本になる。

スマホで料理を始めよう

現役時代、家事はすべて妻まかせでキッチンに入ったこともなかった人も、時間ができたら料理にも挑戦してみてはいかがでしょうか。

男の料理はどうも極端で「まったくやらない」か「ものすごく凝る」のどちらかに分かれがちです。気が向いたときだけ、ものすごく高い食材を買ってきて長時間かけてシチューなどを作り、後片付けは一切しない、というのは家族にもっとも不評なパターンです。凝った料理に挑戦するのもけっこうですが、それよりも安い食材、冷蔵庫のあまり物でも「自分の食事は自分で作れる」「たまには家族の食事も用意できる」という方向を目指しましょう。一人暮らしの人はもちろん、連れ合いがいる人も、今後の夫婦円満のためにぜひお勧めします。

料理本のようにレシピと手順写真だけではなく、「クラシル」や「デリッシュキッチン」などのように動画で作り方を教えてくれるものが初心者にはもっとも便利です。動画なら、材料をどの程度の大きさに切ればいいのか、鍋が煮立ったとき、どのタイミン

●クラシル

無料、PC、iphone・Android対応、dely,Inc.

3万2000件を超える料理のレシピを１分間の動画でわかりやすく紹介してくれる。まったくの料理初心者でも、見よう見まねでなんとかなるアプリ。利用はもちろん無料。パソコンのブラウザでも利用可能。まな板、鍋、フライパンなどの真上から撮影する調理者目線なので、料理の手順がとてもわかりやすいと評判だ。

●クックパッド

無料、PC、iPhone・Android対応、Cookpad Inc.

日本最大の料理サイト。全国の家庭の主婦などが投稿する記事を中心に構成されている。レシピ数は300万以上。写真とレシピの構成で、たとえば肉じゃがひとつとっても1万通り以上の作り方が掲載されていて、自分の好きなレシピを選択することが可能。人気、または新着順に表示を切り替えることができるので、とりあえず「人気１位」を見て、そこから作りやすそうなレシピを探そう。実際にそのレシピを使って作った人の感想も並んでいるので参考にしよう。

●楽天レシピ

無料、PC、iPhone・Android対応、Rakuten,Inc.

こちらも100万以上のレシピがある。自分のレシピを投稿したり、掲載されているレシピを実際に作ったことを報告すると、「楽天ポイント」がたまり、ポイントはショッピングサイト「楽天市場」で買い物をするときにも利用できる。

グで調味料を入れればいいか、などがすぐわかるようにできています。料理音痴のお父さんにこそぴったりなのです。

こうした料理アプリのおかげで、誰でも簡単に好きなスタイルで料理をすることができるようになりました。こうしたスマホアプリを上手に活用するのも老後の楽しみのひとつです。

「地図アプリ」を使えば外出も楽しくなる

年を取ってくると、外出がだんだんおっくうになってきます。とりわけ大混雑必至の都会の街や、初めての駅や地域は特にめんどうになります。ところが、スマホの地図を持っていると、行き先がわかりやすいだけではなく、近所にどんなものがあるかひと目でわかるため、けっこう外出そのものが楽しくなるものです。「グーグルマップ」や「ヤフーマップ」などの地図アプリはスマホに必須です。中でもグーグルマップは最も多くの人間に使われており、その利便性もダントツと言っていいでしょう。

●ゴルフな日

無料、iPhone・Android対応、MAPPLE ON,CO.,Ltd.

コース買い切り版は1コース目無料、その後は1コースごとに400円、ハザードと距離表示には250円、音声アシストなどは400円など、すべて無料というわけにはいかないが、非常に優れたアプリだ。月額360円ですべての機能が使い放題になる「Su版」もある（最初の1カ月は無料）。全国2500コースのレイアウトを見ることができ、グリーンの高低差なども細かく表示、グリーンの傾きをグラフで読むことも可能。また距離の計測などもGPSを使って簡単にできるようになる。残りの距離に合わせて、クラブを選択するのも簡単。コースの予習、研究はもちろん、プレイ中は優秀なキャディを務めてくれる。

●YAMAP

無料、iPhone・Android対応、YAMAP INC.

山歩きの好きの人は必携。こちらは有料だが、最初に500円払えば、あとは無料で使える。標高や距離などがわかりやすく表示され、山登りにはぜひ持って行きたい地図アプリだ。登山記録を利用者に公開するなどの機能があるのも魅力的。携帯電波が届かない場所でも、内蔵ＧＰＳで現在地を地図上で確認できる。ただしスマホはバッテリーが切れればすべての機能を失うので、過信は禁物！

●山と高原地図

無料、iPhone・Android対応、株式会社昭文社

地図、ガイドブックで知られる昭文社のアプリ。絶景ポイントはもちろん、トイレの場所や高山植物の見どころ表示などもわかりやすく、女性にも人気。深田久弥氏の選んだ「日本百名山」も網羅されている。こちらもＧＰＳで位置情報が確認でき、ルートの記録も可能。

スマホの「位置情報」をオンにしておき、自分が行きたい場所を入力すれば、目的地までカーナビ同様に連れていってくれます。交通費が一番安いルートも教えてくれる上、その近辺にあるおいしいレストランやガソリンスタンド、公的機関なども地図上に表記され、かつその店の紹介などもしてくれます。飲食店などのホームページには、しばしばグーグルマップのリンクを張ってあります。お客さんがそのリンクをクリックするとグーグルマップの画面が開き、地図を頼りに店を訪れることができます。

また、ｉＰｈｏｎｅを買うと、本体にはあらかじめ「マップ」（Ａｐｐｌｅ Ｍａｐｓ）という地図アプリが入っています。これは登場した当時は「精度が低すぎる」「使い物にならない」と、特に日本では散々の評価でしたが、どんどん精度が上がっており、２０２０年の東京オリンピックに向けて大幅なアップデートを進行中。もちろん海外の訪日客を意識してのことですが、ぐっと使いやすく、かつ機能も強化されつつあります。グーグルマップと併用して、使いやすいほうをチョイスしてください。

地図アプリは、一般的なもの以外にも用途を特化したさまざまなものがあります。趣味などに合わせてぜひ使ってみてください。

第8章

定年後に趣味を生かす仕事、趣味程度に稼げる仕事

「好きなこと」なら仕事になっても楽しめる

老後資金がたっぷりあると思っている人でも、日本や世界の状況が大きく変化すれば路頭に迷うことになります。やはり「守る」だけではなく、多少なりとも収入を得られる道を残しておきたいものです。

平均でも収入の約3割は公的年金以外である現実（厚生労働省、国民生活基礎調査）を考えて、趣味と実益を兼ねるライフスタイルを確立しましょう。とはいえ、これまで40年も働いてきた定年間際の人、あるいは定年退職直後の人の多くは「まだ働くのか」「もう働きたくない」とも感じるでしょう。

私自身は子供の頃からやりたいと願っていた仕事を続けており、いわば趣味を仕事にしてしまったわけですから、仕事が嫌だとか、やめようと思ったことは一度もありませんでしたが、60歳を迎えた時には、本気で仕事はもうしたくないと思いました。そこで仕事の量を減らし始め、今も興味のあるテーマのオファーがあったときだけ書くスタイルに切り換えています。今後も遊ぶヒマがなくなるほどに働くつもりはありませんが、好きな仕事であれば「苦痛」にはなりません。もちろん多少の収入にはなります。

サラリーマン生活を終えた友人は、家のすぐ近所の倉庫で軽い力仕事のバイトをしていますが、体力づくりにもなるし、ジム通いよりもバイトのほうが新しい人間関係も作れそうだし、少しは生活費の足しになるからと、このバイトを選んだそうです。要は気の持ちようです。

この章では、高齢者が「趣味を生かして」また「趣味程度に」稼ぐ方法について考えてみましょう。

定年後から技術を身につけて「開業」できる趣味

定年退職後、趣味が高じて開業する人がいます。たとえば、蕎麦打ちを趣味としていたAさんは、ふるさとが長野県だったこともあり、自分が住んでいる故郷の休耕地で地元の友人が蕎麦を作っていることを知って、その蕎麦粉を仕入れて蕎麦屋を開業しました。

自分の実家をちょっと改築して、十割そば専門の蕎麦屋を開業。すでに2年たっているものの、いつも行列ができるほどの繁盛ぶりだそうです。

趣味を生かして定年後に開業、もしくはビジネスを展開しようという人は、意外に多いようです。退職金でやや余裕もあるし、年金収入もほどほどあるために、多少の赤字が出ても食べていける、という経済状況の人に多いようです。

シニア起業、定年後の起業については、専門の実用書やネット情報、またあちこちでセミナーも開催されていますから、よく勉強してから挑戦してください。

シニア起業のための支援制度も利用が可能で、代表的なものは以下です。

●一般社団法人日本シニア起業支援機構（J－SCORE）
●厚生労働省　生涯現役起業支援助成金（支援コース、60歳以上最高200万円）
●東京都　女性・若者・シニア創業サポート事業（55歳以上、融資限度額1500万円）
●日本政策金融公庫　女性、若者シニア起業家支援資金（55歳以上）

言うまでもないことですが、本格的な起業を考える場合は、定年退職後の「思いつき」ではなく、定年前からしっかり計画しておくほうが賢明です。もちろん家族の理解も必要になりますし、退職金を起業資金として使うことがほとんどですから、もし失敗した場合のリスク、その後の生活などについてじっくり検討してください。

ネットショップでコツコツ手作りの商品を売る

リスクを背負わない副業感覚のものなら、かなり気軽に始められます。ネットショップの開業は、最近実に簡単になりつつあり、たとえば「ベイス」（ＢＡＳＥ）などは、登録無料。商品が売れなくても月額の「テナント代」のような固定費を支払う必要もありません。しかも、ホームページを独自に作成する必要はありません。商品が売れた場合にかかる費用は、決済手数料として注文ごとに代金の３・６％＋40円、サービス利用料金が注文ごとに３％（ベイスの場合）です。つまり３０００円の商品が１個売れて送料が５００円かかったとします。「注文合計金額」は３５００円です。ベースの場合、ここから合計額の６・６％プラス40円（２７１円）差し引かれた３２２９円が実質的な売り上げです。

ただ、買い手が払ったこの金額はいったんネットショップが預かる形になるため、売り手はそのお金を引き出すための「振込申請手数料」を支払わなければなりません。ベイスでは、2万円未満なら事務手数料500円＋振込手数料250円。2万円以上になると振込手数料250円のみ。申請金額が3229円だと、そこから750円が差し引かれて、あなたの口座に入って来る金額は2479円です。

こうした経費を考えた上での値づけも必要です。「売ってみたい」というものがある人は、仮にまったく売れなくても損をすることはありませんので、試してみる価値はあります。自作の陶器の茶碗、趣味で作り続けているプラモデル、奥さんが趣味で作っている編み物作品やビーズアクセサリーなど、試しにネットショップで売ってみてはいかがでしょう。もちろん同じショップで、プラモデルとアクセサリーをいっしょに売るより、ちゃんとお店のコンセプトは決めたほうがいいとは思いますが、既成概念にとらわれる必要はありません。

特にアクセサリーなどハンドメイド系のものを売ってみたいという場合は、ミンネ

（ｍｉｎｎｅ）、クリーマ（ｃｒｅｅｍａ）などが有名です。こうしたサイトは「ネットショップ」というより、フリマ（フリーマーケット）に近い雰囲気で、商品の数がそろわなくても1点から出品できます。こうした手作り・クラフト系の趣味をお持ちの人にはお勧めです。

スマホのアプリで家の不用品をどんどん売る

さらに「不用品」を売りまくりたい、同時に中古でも安いものを買いたいという人は、まずはメルカリ（ｍｅｒｃａｒｉ）でしょう。こちらはしばしばメディアでも取り上げられますが、「とにかくなんでも売ってる」フリマだと思ってください。しかも、売る、買うともに非常に手続きが簡単です。スマホにメルカリのアプリをダウンロードし、名前や住所を登録するだけ（もちろん買い手には非公開です）。それこそ、「ないものはない」くらいに商品がそろっています。中古車から、壊れたキーボード、子供服、レアもののスニーカー、家電など。一度のぞいてみてください。実はここでチケットを高額で売ったり、なんと「現金」を売ったりするケースが出てきて、その都度問題になり、「出品」「削除」のイタチごっこも続いていますが、通常の買い物、出品をする限り問題は何も起きません。

どちらかというと高齢者は「売る」より「買う」ほうが多いようですが、出品も「スマホで売りたいものを撮影してそのまま登録」でOKです。売れればすぐに通知が来ますし、発送もなんと、宛名書きさえ不要。梱包して、スマホを持ってコンビニなどに持ち込めばそれで受け付けてくれます。

不用品の処分にもお金はかかります。ダメもとでいらないベッド、タンス、家電、壊れたパソコン、古いオーディオセット、服などを出品してみてはどうでしょう。壊れたパソコンでも部品が必要な人は多いものです。もちろん、服を売りたいならちゃんとクリーニングしてていねいに梱包する、といった心づかいは必要で、それが「今後のリピート」にもつながります。ひどい状態のものを送りつけると、買い手から「最低評価」をつけられ、今後、あなたの商品には買い手がつかないことになります。こうしたマナーは、リアルな店でもネットでもまったく同じですからそこは十分注意してください。

サラリーマン生活で身につけたスキルを生かす

現役時代に自分がこれまで培った技術、経験を活かすビジネスも可能性があります。ただし、「営業一筋」というだけでは、そのまま「営業コンサルタントとして独立して事務所を立ち上げる！」というのもむずかしいでしょう。中小企業診断士などの資格を持っていれば、場合によっては経営コンサルタントとして独立開業する道もないではありませんが、普通に会社のサラリーマンをやっていて、資格を取っただけで、いきなり「中小企業向けコンサルタント会社」を立ち上げても、一般的に成功は難しいと言わざるを得ません。

証券会社で長年トレーダーをしていたような人ならともかく、「最近デイトレで食っている人も多いらしい」という程度の認識で、いきなり素人同然の人がＦＸや株式でデイトレーダーになる、もしくは投資家を目指すというのもＮＧです。失敗すれば大きな損失を出します。挑戦する場合は必ず「ゼロになってもかまわない範囲の小額資金」で、十分に勉強してから「少し利益が出ればうれしい」くらいのレベルにしておくことです。

経験と資格を組み合わせて成功できる道もあります。たとえば、長年食品卸売り業の会社でサラリーマンをやっていたKさんは、定年退職後その知識を生かして「野菜ソムリエ」の資格を取得し、野菜を使う中小企業や店舗に特化したコンサルティング業務をネット上で立ち上げて、順調な営業成績を残しているそうです。

不動産会社に長い間勤めていたMさんも、サラリーマン時代に取得した宅建業法の資格を元にして、定年退職後にＩＴ情報を使った不動産業を始め、通常の不動産会社とは異なるスタイルの不動産会社を経営しています。

ＩＴとは無縁の業界でも、ＩＴを活用した方法で成功する場合があります。長年ホテルのイタリアンレストランでシェフを務めたSさんは、定年退職直前に会社を辞めて、家庭料理の店をオープンさせました。長い間作り続けてきたイタリア料理ではなくて、和食にしたところが発想の転換と言っていいかもしれません。

さらにSさんは、ＩＴ関連の仕事をしていた娘さんにホームページを立ち上げてもらい、自分でもコツコツと毎日更新するようにしたそうです。仕入れ段階で、たとえば「旬のサンマが入荷しました」といった情報を写真付きで掲載。さらに、インスタグラム（Ｉｎｓｔａｇｒａｍ）にもアップしたところ、地元の大学生がランチを食べに来てくれるようになり、現在では夜も地元の顧客でにぎわっているそうです。

新しいビジネスとして何か始めるのであれば、「自分が楽しいもの」を選択するのが一番いいのではないでしょうか。自分が好きなものをビジネスにすれば、それだけストレスはなくなります。定年退職後の起業を考える時には、基本と言ってもいいかもしれません。

その上で、ＩＴの情報力をちょっと借りることは必須です。

登山好き高じて山小屋経営

キャリアを生かしてそれをビジネスにするのも一つの方法ですが、完璧に自分の趣味を仕事にしてしまうのも悪くありません。

登山を趣味にして、これも趣味として山岳写真を20年以上撮り続けてきたＰさんは、定年後インターネットのサイトでフリーカメラマンの仕事を見つけ、山岳写真を定期的に撮るフリーランスのカメラマンになりました。かかる時間や旅費などを考えると利益はほとんど出ていないと言いますが、大好きな登山と山岳写真が仕事になるのだからと、喜んで続けています。

山小屋を始めたHさんは、若い頃からペンション経営を夢見ていたのですが、避暑地などでペンションを経営するのが簡単ではないことをよく理解していたため、どうせ苦労するならよく登っている山で山小屋を経営できないかと考えていました。

そこで、ネットで山小屋経営をしているサイトをチェックし、ある山小屋の主人と親しくなり、休眠状態の山小屋を借り受けて、山小屋を始めることを決意しました。メジャーな山脈の山小屋は大半が世襲制ですが、メインから外れると物件が見つかる可能性もあるそうです。ただ、山小屋の営業権はバカ高いので、自治体などに相談するのもひとつの方法です。

15~16人しか泊まれるスペースはありませんが、それでもシーズンはほぼ満員の状態が続いており、理解のある奥さんと一緒に山小屋経営を続けています。

Hさんも、山小屋を始めるに当たっては自身でサイトを立ち上げて周辺の風景や改築してきれいになった小屋の内部などを撮影して掲載。もちろんインスタグラムやフェイスブックのアカウントも作って積極的に投稿し、日々写真はもちろん、麓から登ってくるコースの動画などもアップしました。

後継者はいませんから、自分でできる間だけ頑張ろうと思っているそうですが、台風などで登山道が閉ざされることがよくあり、そうした事態にどう対応すればいいのか苦慮しているようです。

どんなビジネスであれ、現在はサービスを利用する側も、提供する側も、インターネットの利用はもはや「前提」であり、「最低条件」です。事前準備の段階から、同業ビジネス開業の先輩やアドバイザーの情報、意見を収集してください。ネットは発信者に直接質問することも簡単にできます。

開業以来5年以上もほとんどお客さんが入らなかったジャズバーでも、ＳＮＳでの発信を始めたとたんにお客さんが増えた、という例もあります。

こうした意味でも、パソコンやスマホは「楽しい老後」のマストアイテムだと私は思っています。

ユーチューバーも立派なビジネス

最近、注目を集めているビジネスに、ユーチューバー（ＹｏｕＴｕｂｅｒ）があります。小学生の将来なりたい仕事のランキングの中にユーチューバーが入って来た数年前には驚きをもって報道され、「危険な場所で危険な撮影をする人」のようなイメージがあったようですが、実際はそんなことはありません。たとえば「ある分野に限れば普通の人より造詣が深い」という自信がある人はユーチューバーとして、自分の知識を生かした番組を作るのもいいかもしれません。

そもそもユーチューバーの収入というのは、ＰＶ（ページビュー＝見てくれた人の延べ人数）ほかの条件によって決まりますが、１ＰＶ当たり０・０５～０・１円といわれています。ユーチューブに掲載されているさまざまな広告収入の一部がユーチューバーにも入ってくるという仕組みがあるのです。

具体的には、次のような４つの収入があります。

①インストリーム広告（動画が始まる前に表示されるもので、広告スキップができる）
②オーバーレイ広告（動画の下部に小さなバーで表示される広告）
③サイドバー広告（画面の右サイドに出てくる広告）
④スーパーチャット（ユーチューバーに対する寄付金のようなもの）

比較的簡単で、しかも高齢者が自然体でできるものとしては、自分の家のペットの写真や動画を可愛く撮って、それを毎日配信し続ける方法があります。自分の家の猫の動画を配信し続けて、写真集まで出してしまった人もいます。

ただ１００人ぐらいのフォロワーはあっという間に見つかりますが、問題はその後に数を伸ばしていけるかどうかです。楽しい趣味として考えるのなら、もちろんそれでOKですが、いきなり「うちの猫で儲けよう」と思ってもそう簡単ではありません。

毎日、自分が得意な料理の作り方をアップするタイプもお勧め。特に「魚のさばき方」「ローストチキンのしばり方」などのように、動画でないとわかりにくいものは、料理本よりユーチューブで調べる人のほうが多くなっています。手先の器用な人なら日曜大工で椅子を作る方法、プラモデルの作製工程などもいいでしょう。ただ、こうした動画は長時間撮っているだけでは、見ている人がすぐに飽きてしまいます。見やすく、かつわかりやすいアングルで撮影し、適切な長さに編集してから公開する技術も必要です。

語学に自信がある人ならば、毎日海外の新聞や雑誌を素早く読破して、概要を紹介し、自分の考えを織り交ぜて発信するのもいいかもしれません。

自分の専門知識をアピールしたい人、あるいは特殊な能力を持っている人は、毎日のようにユーチューブで情報を発信することで稼げるユーチューバーになれるかもしれません。

そこそこ売れている芸人がいくらユーチューブにネタをアップしても、そのフォロワー数が1万にも満たないケースはよくあります。その一方で、まったく無名の人が何十万、何百万のフォロワーを集めるケースもあります。

簡単ではないが可能性は誰にでもある、と考えていいのではないでしょうか。

そのほかネット関連で副収入になり得る方法をいくつか紹介しておきます。

写真などを販売して稼ぐ

自分で撮影した風景、動物などの写真素材をネットで販売するという方法もあります。これはストックフォトサービスに登録して、そのサイトに写真を公開、売れた場合に収入になるという方法が一般的。もちろん高いクオリティーの写真でなければ売れませんし、「ストックフォトを探す人のニーズ」をよく考えて写真をアップする必要がありま す。代表的なサイトとしてピクスタ（ＰＩＸＴＡ）、アイストックフォト（ｉＳｔｏｃｋｐｈｏｔｏ）、フォトＡＣ（ｐｈｏｔｏＡＣ）などがあります。イラストレーションも同様の方法で販売可能。

また、ライン（ＬＩＮＥ）スタンプを自作して、スタンプショップで販売する方法もあります。ただし、スタンプを販売しているクリエイターは、世界中で１５０万人はいますから、そう簡単に売れるとは思わないでください。

ピクスタ
（PIXTA）
https://pixta.jp/

自宅を貸し出す

要するに民泊です。もし投資用に買ったマンションが空いているとか、夏は長期間戸建ての自宅を留守にする、などといった場合には、エアー・ビー・アンド・ビー（Ａｉｒｂｎｂ）などの民泊サイトに登録し、自宅を宿泊施設として提供することもできます。自宅観光地エリアで駅からも近い、といった立地の場合ならすぐに貸し出すことができるでしょう。ただし外国人の利用が多く、近隣トラブル、設備の破損などのリスクもあります。もちろん、自宅利用の場合でも、民泊新法（住宅宿泊事業法）に基づいた規約、届け出のルールなどがあります。たとえばキッチン、トイレ、風呂、洗面設備は必須です。消防法に基づき、火災報知器、誘導灯も必要になります。法的にはマンションも民泊として貸し出せますが、民泊禁止を管理規約に掲げるマンションも増えていますから要注意です。専門書、専門サイトなどで十分に調べてから準備することが必要です。

エアビーアンドビー
（Airbnb）
https://www.airbnb.jp/

「出前持ち」で稼ぐ

これは体力がいりますが、ウーバーイーツ（ＵｂｅｒＥａｔｓ）で、昔ながらの出前持ちをすることもできます。ウーバーイーツが提携している店の料理を入れた保温・保冷バッグを背負い、自前の自転車やバイクで配達するという仕事です。仕事をしたい人はまずオンラインで登録、30分ほどの登録説明会に参加すれば、すぐさま働けます。ウーバーイーツ経験者のブログによると１日５〜６時間、３日間で20件配達を行い、手取りは１万２０００円だったそうです。仕事が入るとスマホに連絡が来ますが「できるときだけ」受ければいいので、まさに空き時間のバイト、さらに運動不足の解消には最適のバイトかもしれません。60代前半で元気な人、自転車に乗り慣れている人などにはお勧めです。

これらはいずれもネット上の知識がないとできない仕事です。高齢者だからといって昔ながらのやり方だけにこだわっていたのでは、ブラッ

ウーバーイーツ
(Uber Eats)
https://ubr.to/2pPhXYT

クな仕事しか回ってこないかもしれません。

新聞・テレビを信用し過ぎず、ネットを嫌悪せず、恐れ過ぎず、しかも信用し過ぎず、これまでの人生経験を生かして、上手にネットを含めたメディアを利用してほしいと思います。

第9章　遊びのライフプランを立てよう

まず定年後は「生活時間」を正常に戻して、運動を始める

定年後は自由時間がいくらでもあるとはいえ、そうそういつまでも体力が続くわけではありません。たとえば、60代なら登山やマリンスポーツをやる人間は数多くいますが、負荷の大きい趣味を続ける人は70代になるといきなり減ってしまいます。自分の体力の限界も考慮して「趣味」についても考えておいてください。

「健康寿命」の平均は、男性も女性もともに70代前半までです。多くの人が65歳前後でリタイアする今、個人差はあっても元気で楽しめる時間は平均10年程度。60代前半から70代前半にかけての貴重な時間を有意義に過ごすための賢い方法を考えてみましょう。

定年後はまず、不規則だった現役時代の生活習慣を「正常」に戻しましょう。平日も休日も早寝早起きを習慣にし、きちんと3食腹八分目で食べましょう。定年後、会社に行かなくてもいいからと朝寝坊が習慣になり、ゴロゴロしてばかりいると食欲は出ないし、夜はぐっすり眠れません。生活、睡眠サイクルの乱れは、精神状態も悪化させますから、下手をするとうつ状態に陥ることもあります。

まず、最も効果的で健全な修復の方法はやはり「運動」でしょう。

定年退職後の高齢者が楽しめるスポーツは家の周辺でもできるウオーキングから本格的な登山まで、身ひとつで始められるものがたくさんあります。

一般的でもっとも手軽なのは、やはりウオーキングやランニングでしょう。５キロ、10キロから参加できる「マラソン大会」も増えています。バレーボール、サッカー、バスケットボールなどの球技も人気がありますが、日本では65歳以上の草野球チームが今も盛んです。居酒屋の常連で作ったチームや地域のオジサンが集まったチームなどメンバーはさまざまのようです。

日本人は、就業人口の８割がサラリーマンという世界的に見ても稀有な民族でもあり、集団活動、チームスポーツが大好きですが、高齢者になったら、ボーリングや弓道のように１人でも続けられるスポーツも趣味に加えておくといいのではないでしょうか。

登りたい山は60代前半のうちにトライしよう

本格的な登山を目指す人は、できるだけ60代のうちに、登っておきたい山にトライしてしまうことです。70代、80代でも山に行く人はたくさんいますが、やはり70代後半になると極端に体力が衰えてくる人が増えます。やはり、スポーツには「適正年齢」というものがあるようです。

適正年齢を考えて、今後のスポーツやレジャーのスケジュールを考えてみるといいと思います。北アルプスの槍ヶ岳や穂高連峰、あるいは剣岳といった険しい山々は、できれば60代前半に踏破しておきたいものです。

山歩きに関して言えば、私もあちこちに行く1人ですが、60代後半になったところで左膝の半月板を損傷して以来、あまり遠出はできなくなってしまいました。ただ、それでも登山をしていて感じるのは、単独で山に入っている人が目立つことです。特に男性は1人で登りたがるようです。

北海道の大雪山を縦走しているとき、7～8人の女性グループが登山ガイドに誘導されて移動するのをよく見かけました。山登りのように、道に迷ったり滑落したりする恐れがあるスポーツは、できれば単独行を避け、グループで行くほうが安全です。

夫婦での登山も理想的です。体力に自信がない奥さん同伴でも、岩登りのような危険な箇所がない山は数多くあります。時間はかかりますが、ゆったりとマイペースで歩いて頂上にたどり着く達成感は、何ものにも代えがたいものがありますから、ときには夫婦で山を歩いてみてはどうでしょうか。

山の中を走り回るトレイルランニング（トレラン）も盛んですが、やはり60代前半が限界でしょう。

マリンスポーツも60代で楽しみ切っておく

サーフィンやスキンダイビングといったマリンスポーツも、思い切り楽しむならば60代のうちでしょう。もちろん80代、90代でも楽しんでいる人はいるかもしれませんが、一般的に過激なスポーツは60代までと考えて「遊び」のライフプランを立てる必要があります。

一方で、ジョギングやランニング、スイミングやテニス、野球といったスポーツは元気なうちは何歳まででもできます。スポーツジムで筋肉トレーニングをしている80代の人も珍しくありません。ただやはり筋トレも自己流はけがの危険が伴います。心臓などに既往歴、持病がある人は医師と相談して、トレーナーの指導を受けながらやることが大切だと思います。

少なくとも、リスクを伴うスポーツは60代に楽しんでおきたいものです。

60代には60代の、70代には70代の楽しみ方を心得て、楽しみましょう。うっかり骨折などすると、それが原因で寝たきりになることもありますから、スポーツを続けてきた人ほど、体力を過信せずに楽しんでください。

知り合いの医師によれば、「高齢者にとってリスクが高いスポーツは、マラソン、サイクリングそして水泳」だそうです。長く続けたいなら、きちんと人間ドックを受けて自分の健康状態を管理、把握して無理なく楽しみたいものです。

60代から「ゴルフだけ」ではもったいない

実際に高齢者がどんなスポーツをしているのか統計を見てみましょう。総務省が２０１７年に発表した「社会生活基本調査」によると、高齢者の年代別スポーツ行動者率は以下のとおりです。スポーツ行動とは、過去１年（２０１６年度）にスポーツをした人の割合です。

〈60～64歳の男女〉
なんらかのスポーツをしている人……………67・４％
①ウオーキング・軽い体操………49・１％
②器具を使ったトレーニング……15・１％
③登山・ハイキング………………11・５％
④ゴルフ（練習場含む）…………９・９％
⑤釣り………………………………６・９％

〈65歳〜69歳の男女〉

なんらかのスポーツをしている人……………70・2％

①ウオーキング・軽い体操……54・7％

②器具を使ったトレーニング……13・6％

③登山・ハイキング…………12・5％

④ゴルフ（練習場含む）…………9・6％

⑤釣り……………………………7・4％

〈70〜74歳の男女〉

なんらかのスポーツをしている人……………68・2％

①ウオーキング・軽い体操……53・6％

②器具を使ったトレーニング……12・2％

③登山・ハイキング…………11・2％

④ゴルフ（練習場含む）…………8・2％

⑤釣り……………………………6・1％

〈75歳以上の男女〉

なんらかのスポーツをしている人……………49・6％

①ウオーキング・軽い体操………38・3％

②器具を使ったトレーニング……7・9％

③ゴルフ（練習場含む）…………4・3％

④登山・ハイキング………………4・1％

⑤ゲートボール……………………2・3％

やはりウオーキングや軽い体操、そして器具を使ったトレーニングなどは相変わらず人気ですが、登山などは75歳を超えるとゴルフに抜かれ、65〜69歳では12％台だった行動率もわずか4％台に下がってしまいます。

テニスサークルなどに入って友人を作り、定期的に楽しむのもいいでしょう。サークルの友人たちとゲームを楽しむためには、どうしても日常のトレーニングが必要ですから、普段からウオーキングやスポーツジムに行って汗を流すことも習慣になるでしょう。テニスは本格的にやれば非常にハードなスポーツですが、同世代とのんびりラリーを楽しむなど、負荷を減らして体力に合わせて長く楽しむことも可能です。

ゴルフもサラリーマン時代からやっていた人なら、定年退職後の楽しみになることが多いでしょう。もう仕事ではありませんから接待も遠慮もなく、心から楽しめるはずです。腰痛などを抱えていなければ70代、80代でもマイペースで楽しめます。

現役時代からゴルフ好きで会員権を持っている人ならば、毎回5000円程度ですみますから、健康にも財布にも優しい趣味になります。ただ、70代からでも80代からでも楽しめるスポーツだからこそ、60代の元気なうちにゴルフだけに時間を割いてしまうのはもったいないようにも感じます。

もっとも、あまり高齢になるとゴルフ場への移動がやっかいです。免許を持っていない場合はゴルフ仲間の車に乗せてもらうという方法もありますが、友人たちがつぎつぎ「腰を痛めた」「膝を痛めた」などの理由で脱落し、ゴルフ場に行けなくなってしまったという話はときどき耳にします。自分で運転する人も運転免許を返納してしまうとコースに出られなくなってしまいますから、移動のことなども考えて、年代ごとの楽しみ方を選んだほうがよさそうです。

もちろん近所の練習場の打ちっぱなしなら、十分楽しめますし、地域のゴルフサークルなどに参加していれば、マイクロバスなどでみんなといっしょにコースに出られますから、70代で免許を返納しても心配ありません。シニア向けサークルなども数多くありますので、地方自治体の窓口や、インターネットで探してみてください。

70代以降はパック旅行や園芸などでお金をうまく使い切ろう

高齢者の動向を「支出」の面から見てみましょう。総務省の家計調査年報によるとパッケージツアーへの支出は60代、70代になっても徐々に伸びていきます。

同様に、園芸用品などへの支出も大きく減少する兆しが見えません。むしろ支出に占める割合から見ると、70代になるとますます多くなる傾向があります。

その一方で、スポーツクラブ使用料は70代になると大きく減額していきます。統計から見てもスポーツを積極的に楽しめるピークは60代と考えていいでしょう。

つまり自分が持っている預貯金を配分する場合、アクティブな60代のうちに数多く消費していく方法をとったほうが合理的と言えます。

相続を受けた平均額は2114万円（「遺書と相続に関する実態調査」楽天インサイド調べ／2018年）だそうですが、老後をひたすら切り詰めて預貯金を残すより、楽しい老後を暮らすためには、元気な60代で多く使う計画を立てたほうがいいと私は思います。60代、70代、80代と均等にお金を使うのではなく、うまく配分したいものです。

もちろん70代、80代になると、レジャー費が減るぶん、医療費がかさむことが予想されますが、それでも、60代から積極的にお金を使うのをためらい、ひたすら節約してしまうのはつまらないと思います。

今後、想定される医療費や介護費のことを考えれば、キリギリスのように60代で資金を使いまくるわけにもいきませんから、やはり早いうちに適切な医療保険に入っておくのがベストです。もちろん現在入っている保険も、ダブった特約がないか、無駄なものはないかなどを見直して、本当に必要なものだけに加入してください。

そして、健康の維持に役立つスポーツやレジャーに投資をすることで、70代、80代になっても医療費をかけず健康なままで過ごすことを目指しましょう。究極の医療費・介護費用節約は「健康であること」です。

この両輪で、60代はアクティブなレジャー、スポーツに多めにお金を使い、70〜80代については医療保険で備えるという両輪で考えるのがいいのではないでしょうか。

地域のスポーツサークルなどは早めに参加する

シニア向けのスポーツサークルも数多くあります。自治体が主導でやっているものから、自然発生的に生まれたグループまでさまざまですが、そういったサークルに加入するのもお勧めです。

スポーツサークルは地元のイベントにも積極的に出場しますから、地域コミュニティーの人間関係を作ることができます。近所に仲間がいるというのは、とてもいいものです。サークルのときだけではなく、たまには一緒にウオーキングしたり、ときには近所の居酒屋で一杯、という楽しみも増えるでしょう。今後の人生についての情報交換、ほかの趣味などについてもあれこれ相談することができます。

こうしたサークルは定年退職したらさっそくいくつか見学に行くなりして、60代のうちに参加したほうがいいでしょう。早めに地域に溶け込む意味でも、思い切りスポーツを楽しむ意味でも、早いに越したことはありません。

役所や地域センターなどには、こうしたサークルの募集チラシがたくさん置いてありますし、窓口で相談すれば教えてくれるはずです。

もちろんネットでそういったサークルを探して参加することも可能です。いくつか、サークル検索サイトを紹介しておきましょう。ただしサークル検索サイトには、いわゆる「出会い系」のサイトも含まれます。別にシニア向けの出会い系サイトが悪いわけではありませんが、よく内容を読んでから参加してください。もっとも、テニスや囲碁のサークルで「結果的に」いい出会いがあった、というケースもよく聞きます。いずれにせよ、最初から異性の友人目当てで参加するとスポーツサークルでも文化系のサークルでも、男性からも女性からも敬遠されますので、気をつけて。

●お勧め情報サービス　mybest

シニア向けのさまざまなサークルが紹介されていて、中には出会い系に近いものもありますが、純粋にスポーツや趣味を楽しむサークルも数多く紹介されています。スポーツならレベルに合わせてチョイスすることが大切ですが、同様に文化系の絵画、俳句、囲碁、将棋なども自分のレベルに合わせた活動ができます。

●スポーツやろうよ！

こちらは、地域ごとにさまざまな趣味のサークルを紹介するサイト。若い人に混じってイベントに出るのも楽しいかもしれません。ちなみに、特に趣味がない人向けにも食

mybestおすすめ情報サービス／「都内のシニアサークルおすすめ人気ランキング」
https://my-best.com/5813

サークルメンバー募集掲示板・スポーツやろうよ
https://www.net-menber.com/

事会や飲み会のサークルがあります。

●シニアサークル総合サイト★アッシュ

シニア向けの社会人サークル、パーティー、イベントなどを数多く紹介しています。イベントはキャンプ、ハイキング、バーベキュー、食事会などさまざま。入会費、登録費は無料ですが、それぞれのイベントには参加費がかかります。

シニアサークル総合サイト★アッシュ
https://senior.ya-7.com

高齢者はスポーツジムの「ドル箱」

健康づくりといえばフィットネスクラブやスポーツクラブですが、最近は月額1万円程度の費用で、筋力づくりのマシンからエアロビクス、ヨガのクラス、そしてプールまで整備されていて、サウナやジャグジー、風呂といった施設が使い放題の総合型スポーツクラブがどんどん増えています。

有名なところでは「ティップネス」「東急スポーツオアシス」「ジェクサー」「スポーツクラブルネサンス」「セントラルスポーツ」「コナミスポーツクラブ」など。いずれも、すべての世代、レベルに対応できる施設です。ただ、それぞれ特徴があり、「ゴールドジム」は筋トレ向き、「カーブス」は女性専用で会員のほとんどは中高年層、「エニタイムフィットネス」や「ファストジム24」「ジョイフィット」は24時間営業と、それぞれの特徴があります。

24時間型のものは、エクササイズのプログラムなどは用意されていないのが普通で、単にトレーニングマシンが置いてあるだけ、というもの。受付スタッフはいても、専門的なトレーナーが常駐しているわけではありません。「好きな時間に来て、好きなようにトレーニングして帰る」方式ですから、高齢者の初心者向けではありません。コンビニ感覚でランニングマシンや筋トレマシンを使う、という若い人に向いています。このマシン特化型の簡易フィットネスクラブは、コンビニエンスストアのファミリーマートもこの産業への本格参入を模索しており、今後も増えていくでしょう。

有名人の実践コマーシャルで話題になる「ライザップ（ＲＩＺＡＰ）」はパーソナル

トレーニングに特化したジムで、短期集中でダイエットする、筋肉をしっかりつける、といった目的の人に適したタイプです。毎回1対1でトレーニングを行い、日常の食事についてもしっかり指導してくれるそうです。ただ、かなりの高額です。たとえば1回50分、週2回、2カ月のプログラムは税別29万8000円、入会金は5万円です。

自治体が経営する総合型スポーツクラブも多く、それらは非常に安いコストで利用でき、月額数千円単位、あるいは1回ごとの料金で施設を利用することが可能です。

東京・新宿区の「新宿スポーツセンター」は、トレーニングジム利用のみなら3時間以内400円、プールとセットなら600円などとなっています。

トレーニングジムが初めてという人は、まず近所の公営ジムをのぞいてみることをお勧めします。市町村役場に問い合わせればすぐ教えてくれます。公営ジムは入会もありませんし、規模が小さいところでも、設置してある基本的なトレーニング器具やシステムは大手ジムと変わりません。公営ジムで「これなら楽しい」「でももうちょっと大規模なジムでいろいろなマシンやプログラムも試したい」となれば、他の民間ジムの「無料体験」などを利用してみてください。

初めてジムに通うなら初期だけでもパーソナルトレーナーをつける

　ぜひアドバイスしたいのは「初期だけでもパーソナルトレーナーについてもらう」ということ。ほとんどのジムの場合、特にマシンを使うものについては、無料で使い方や、回数、負荷の目安、今後のトレーニングについてを指導してくれます。

　体重、身長、既往歴、スポーツ歴、現在痛みがどこかにあるかどうか、なども詳しく聞いてくれた上で指導してくれる場合が多いので、こうしたものは必ず利用しましょう。体力に自信があるから、スポーツ経験があるからといって「自己流」はけがのもとです。

　特に筋トレなどは、やろうと思えば最初から1人でできますし、1人でやっている人に対してはトレーナーも明らかな誤使用や大きな危険がなければ、あえて声をかけないようにしています。だからこそ、自己流で腰や肩を痛めないためにも、最初はきちんと指導を受けましょう。その後も、「月に1度は同じパーソナルトレーナーについてもらう」という形にすると、トレーナーも指導しやすく、しかも時には大いに褒めてもらえるので、やる気も出ます。パーソナルトレーニングは、各ジムで30分3000円くらいから受けられます。これはトレーナーのキャリア、指導する種目によってもまったく違うので、それぞれのジムで調べてください。

ちなみに、スポーツクラブなどによっては、60歳～65歳以上を対象に「シニア割引」が設けられていることもありますから、有効に活用しましょう。

フィットネス産業は、このところ急激な成長を遂げており、2016年には施設数が4946、市場規模4473億円だったのが、2017年には、市場規模4616億円と過去最高を記録しています。それを支えているのは中高年、とくに高齢者です。

経済産業省がまとめた産業活動分析（2015年公表）によると、フィットネスクラブ利用者は60歳以上が30・3％と最も多く、クラブ使用料の支出金額シェアも1位が60代の39・6％、70代以上の25・5％と、60代以上で6割以上を占めています。

いまや、フィットネス産業は介護予防施設になったとまで言われており、高齢者の健康づくりには不可欠な存在になっています。

年金生活者の高齢者にとっては、総合型のフィットネスクラブは社交場でもあり、健康管理には極めて便利な施設と言っていいでしょう。昔は銭湯が同じ役割を果たしていたのでしょうが、家の近くのフィットネスクラブに入会しておけば、いつでも気軽に健康管理や地域の人たちとの交流もできる便利な施設です。

豪華客船の贅沢な旅は80代で

公益財団法人日本生産性本部がまとめている「レジャー白書（２０１９年版）」によると、２０１８年の余暇市場は71兆９１４６億円。伸び率は前年比０・１％増でほぼ前年並みになっているようです。

「種目別余暇活動」の参加人口は、第１位が国内観光旅行で５４３０万人。余暇時間がたっぷりある高齢者にとっては、アクティブな60代はともかくとして、「70～80代になった時に何ができるか」を考えておく必要があります。

お金持ちなら、夫婦で豪華客船世界一周の旅に出る人もいるでしょう。とりわけ、通販のジャパネットたかたなども、最近は比較的安い料金のツアーを提供しており、豪華客船人気は急速に高まりつつあります。

世界的にも豪華客船の旅はブームとなっており、ギネスブックへの挑戦も兼ねて８カ月間で世界一周するスイスの豪華客船の旅も始まっています。ちなみに料金は１人９万２９９０ドル（約９８９万円、１ドル＝１０６円）だそうです。

しかしこれも「適齢期」があるようで、定年直後の60代前半に「いよいよ定年だ！」と憧れていた「豪華客船ツアー１カ月」に出たものの、１週間もたたないうちに退屈してしまったという人もけっこういるようです。客船の中にはプールやスポーツジムなどもあり、さまざまなスポーツもできるようになっています。ツアー期間が長くなるほどイベント、パーティーも多く用意されており、寄港先での楽しみもあるものの、忙しく過ごしていた日々がまだ体から抜け切っていないと、じきにどう過ごしていいのかわからなくなって退屈する、ということもあるようです。

豪華客船ツアーは、70代、80代以降からでも十分参加できます。60代は安価にできるハードなスポーツ、レジャー、そして少し体力が落ちてきた70代以降に「豪華客船長期ツアー」を予定しておくほうがいいかもしれません。

あとがき

まずは数多ある老後の資産防衛本の中で、本書を手に取っていただきありがとうございました。

私自身、これまで数多くの「老後本」を書いてきましたが、何かいまひとつ納得のいかないものがありました。私が頭で考えている老後と実際の老後は、少し違うのではないかと感じていたからかもしれません。

実際に自分自身が高齢者となり、公的年金をもらって生活するようになってみると、私が想像していた老後とは大きな違いがありました。

人間が人生の中で最も楽しいと言われる時期は「小学校に上がる前」と「老後」だと、誰かが言っていたのを思い出しましたが、確かに私自身、現役時代に比べるといろいろな意味で、解放感いっぱいの楽しい時期を過ごせているような気がします。年金はわずかであっても、2カ月に1度きちんと銀行に振り込まれ、毎月不足分は出るものの、年金をベースに生きることができています。

若い頃のようにさまざまな煩悩にとらわれるには年を重ねすぎたし、とりあえずはハッピーな老後と言っていいのかもしれません。お金持ちではなくても、いま年金生活を送っている人たちの多くは、そんな認識を持っているのではないでしょうか。

健康のために運動に励み、余暇を趣味に使うことができる日々。確かに、何の重圧も、ストレスもなかった小学校入学前のあの時代に似ているのかもしれません。

この時間が永遠に続くことを願わずにはいられませんが、天変地異も含めて、いざという時の準備はしておきたいものです。

これから始まるたぶん長い長い老後を存分に楽しむために、本書がその手助けになれば幸いです。

２０１９年11月吉日

岩崎博充

「年金20万・貯金１０００万」でどう生きるか
60歳からのマネー防衛術

著者　岩崎博充

２０１９年12月25日　初版発行

岩崎博充（いわさき　ひろみつ）
１９５２年、長野県生まれ。武蔵大学経済学部卒業後、雑誌編集者等を経て１９８２年に独立し、経済、金融などのジャンルに特化したフリーのライター集団「ライトルーム」を設立。雑誌、新聞、単行本などで執筆活動を行うほか、テレビ、ラジオ等のコメンテーターとしても活動している。著書に『老後プア」から身をかわす50歳でも間に合う女の老後サバイバルマネープラン』（主婦の友社）、『グローバル資産防衛のための「香港銀行口座」活用ガイド』（幻冬舎）、『トランプ政権でこうなる！日本経済』（あさ書房）ほか多数

発行者　佐藤俊彦
発行所　株式会社ワニ・プラス
〒１５０−８４８２
東京都渋谷区恵比寿４−４−９　えびす大黑ビル７F
電話　０３−５４４９−２１７１（編集）
発売元　株式会社ワニブックス
〒１５０−８４８２
東京都渋谷区恵比寿４−４−９　えびす大黑ビル
電話　０３−５４４９−２７１１（代表）
装丁　橘田浩志（アティック）
柏原宗績
図版／ＤＴＰ　平林弘子
印刷・製本所　大日本印刷株式会社

ISBN 978-4-8470-6160-8
ワニブックスＨＰ　https://www.wani.co.jp